SOS 스페인어
말하기 첫걸음

왕초보 탈출
프로젝트
2

시원스쿨닷컴

시원스쿨 SOS 스페인어 말하기 첫걸음

왕초보 탈출 프로젝트 2탄

초판 21쇄 발행 2020년 2월 20일
개정 6쇄 발행 2023년 9월 1일

지은이 권진영·시원스쿨스페인어연구소
펴낸곳 (주)에스제이더블유인터내셔널
펴낸이 양홍걸 이시원

홈페이지 www.siwonschool.com
주소 서울시 영등포구 국회대로74길 12 시원스쿨
교재 구입 문의 02)2014-8151
고객센터 02)6409-0878

ISBN 979-11-6150-318-9
Number 1-511104-22222206-02

SOS 스페인어 말하기 첫걸음

권진영·시원스쿨스페인어연구소 지음

왕초보 탈출 프로젝트 2

S 시원스쿨닷컴

Contents

PARTE 07

네가 스페인에 가고 싶다면, 너는 스페인어를 배워야 해. 'y 그리고, si 만약 ~한다면' 활용하기

PARTE 08

나는 운동하는 것을 좋아해. gustar 동사 학습하기

PARTE 09

기차가 몇 시에 도착하나요? 시간 표현하기

PARTE 10

나는 멕시코에서 살 거야. 미래시제 학습하기

PARTE 11

오늘 나는 영화 한 편을 봤어. 현재완료 학습하기

PARTE 12

너는 몇 시간 동안 운동하니? 의문사 학습하기

이 책의 구성 & 활용법

STEP 1 지난 시간 복습

잠깐! 다시 떠올려 볼까요?

전 시간에 배운 내용을 복습하는 코너입니다. 꼭 필요한 내용과 주요 문장들을 확인하여 한 번 더 기억하도록 하세요.

오늘도 하나씩 쌓아 가기!

오늘의 표현과 단어를 살펴보면서 본 학습을 시작하기 위해 준비하는 단계입니다. 이 코너를 통해 그날 학습할 내용을 미리 익혀 보세요.

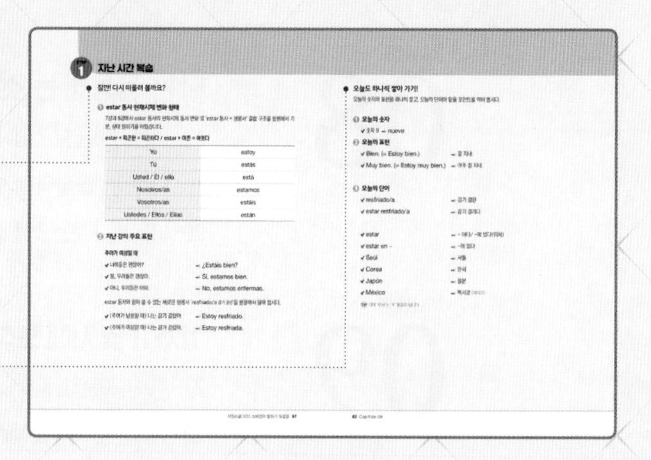
지난 시간 복습

잠깐! 다시 떠올려 볼까요?

estar 동사 현재시제 변화 형태

Yo	estoy
Tú	estás
Usted / Él / ella	está
Nosotros/as	estamos
Vosotros/as	estáis
Ustedes / Ellos / Ellas	están

지난 강의 주요 표현

- ¿Estáis bien?
- Sí, estamos bien.
- No, estamos enfermas.
- Estoy resfriado.
- Estoy resfriada.

오늘도 하나씩 쌓아 가기!

오늘의 숫자

- nueve

오늘의 표현

- Bien. (= Estoy bien.)
- Muy bien. (= Estoy muy bien.)

오늘의 단어

- resfriado/a
- estar resfriado/a
- estar
- estar en -
- Seúl
- Corea
- Japón
- México

STEP 2 오늘의 학습

오늘은 무엇을 배워 볼까요?

핵심 내용을 학습합니다. 꼭 필요한 핵심 내용을 배운 후, 한국어 문장을 보고 스페인어로 말해 보세요. 이 코너에서는 말을 하는 것이 포인트입니다. '툭' 치면 바로 말이 튀어나올 때까지 큰 소리로 연습해 보세요.

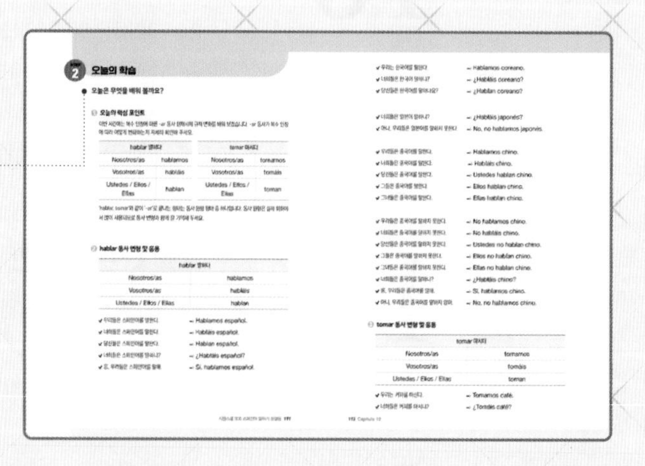
오늘의 학습

오늘은 무엇을 배워 볼까요?

hablar		tomar	
Nosotros/as	hablamos	Nosotros/as	tomamos
Vosotros/as	habláis	Vosotros/as	tomáis
Ustedes / Ellos / Ellas	hablan	Ustedes / Ellos / Ellas	toman

hablar 동사 변형 및 응용

hablar	
Nosotros/as	hablamos
Vosotros/as	habláis
Ustedes / Ellos / Ellas	hablan

- Hablamos español.
- Habláis español.
- Hablan español.
- ¿Habláis español?
- Sí, hablamos español.
- Hablamos coreano.
- ¿Habláis coreano?
- ¿Hablan coreano?
- ¿Habláis japonés?
- No, no hablamos japonés.
- Hablamos chino.
- Habláis chino.
- Ustedes hablan chino.
- Ellos hablan chino.
- Ellas hablan chino.
- No hablamos chino.
- No habláis chino.
- Ustedes no hablan chino.
- Ellos no hablan chino.
- Ellas no hablan chino.
- ¿Habláis chino?
- Sí, hablamos chino.
- No, no hablamos chino.

tomar 동사 변형 및 응용

tomar	
Nosotros/as	tomamos
Vosotros/as	tomáis
Ustedes / Ellos / Ellas	toman

- Tomamos café.
- ¿Tomáis café?

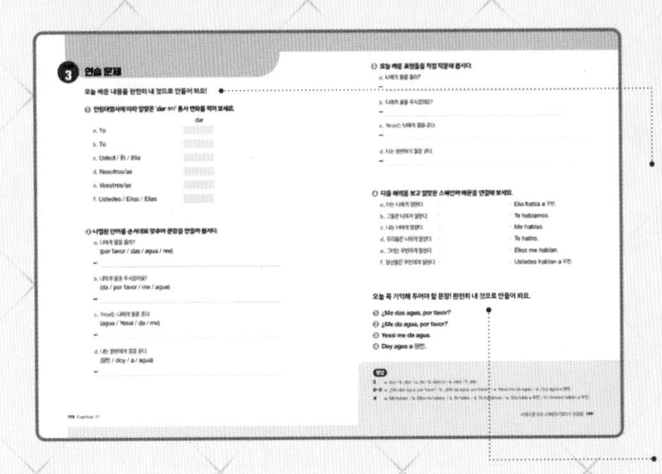

STEP 3 연습 문제

오늘 배운 내용을 완전히 내 것으로 만들어 봐요!

다양한 유형의 문제를 풀어 보면서 배운 내용을 점검할 수 있습니다. 틀린 문제를 중심으로 보완해야 할 점을 파악하여 완벽하게 스페인어를 마스터해 보세요.

오늘 꼭 기억해 두어야 할 문장!

Capítulo에서 배운 문장 중, 반드시 기억해야 할 문장들만 선별하였습니다. 문장을 보면서 그 날 배운 내용을 상기하고, 핵심 내용을 머릿속으로 정리해 보세요.

따라 써 보기, 어휘 체크

중간중간 등장하는 '따라 써 보기'와 '어휘 체크' 코너를 통해 본문에서 익혔던 문장과 어휘를 간단하게 확인해 보세요. 부담스럽지 않은 분량으로 짧고, 쉽게 체크할 수 있습니다.

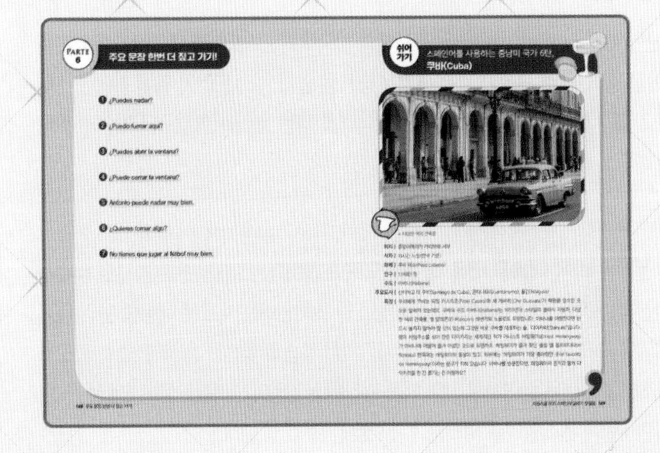

주요 문장 한번 더 짚고 가기!

해당 PARTE에서 중점적으로 학습한 내용을 바탕으로 주요 문장을 선정하였습니다. 기억의 망각 곡선에 따라 학습 내용이 잊히지 않도록 주요 문장과 더불어 학습 내용을 반복 정리해 보세요.

쉬어 가기

스페인의 여러 가지 문화를 접할 수 있도록 축제, 국가, 관광지 등을 골자로 하여 소개하는 코너입니다. 정보와 재미를 동시에 챙겨 보세요.

SOS 스페인어 말하기 첫걸음 NEW 개정판 특징

얼마든지 독학이 가능한 교재!

혼자서도 충분히 스페인어를 정복할 수 있도록 학습 단어, 필수 팁, 연습 문제, 따라 쓰기, 주요 문장, 문화 코너 등 다양한 요소를 충실히 보강했습니다. 새로 배울 단어를 미리 보고, 꼭 필요한 팁을 통해 사소한 내용도 놓치지 않도록 보완했으며, 스페인과 관련된 여러 가지 읽을거리로 재미까지 잡았습니다. 또한 다양한 유형의 문제로 쓰기 연습과 어휘 체크는 물론, 학습이 더 필요한 부분을 정확하게 확인할 수 있도록 구성했습니다.

쉽고 체계적인 **新 스페인어!**

스페인어는 쉽고 재미있게 배워야 합니다. 그래야 끝까지 배울 수 있습니다. 기초를 어렵게 배우면 중도 포기하게 됩니다. 시원스쿨 스페인어는 관사부터 다루는 기존 스페인어 학습 방법을 완전히 뒤집어, 바로 말이 튀어나오는 쉽고 체계적인 커리큘럼을 구성했습니다. 시원스쿨이 여러분의 스페인어 학습에 날개를 달아 드리겠습니다.

꼭 필요한 핵심만 쏙쏙 골라서 **바로 말이 된다!**

학습할 내용이 많다고 스페인어를 말할 수 있을까요? 시원스쿨 스페인어는 문법 내용을 중구난방 늘어 놓지 않습니다. 여러분의 발목을 잡았던 복잡한 문법은 말끔히 잊고, 핵심만 딱 짚어서 말하기가 바로 되는 비법을 제시해 드리겠습니다.

한국어 : 스페인어 **1:1 대응 학습법!**

한국어만 알아도 스페인어를 배울 수 있도록 한국어와 스페인어를 1:1로 대응시켰습니다. 예를 들어, 성수 구분과 같은 어려운 내용을 쉽게 알려 드리기 위해 최대한 스페인어에 가깝게 한국어를 해석했습니다. 한국어를 아는 분이라면 누구든지 쉽게 스페인어를 배우실 수 있습니다.

콘텐츠의 **탁월한 연계성!**

배웠던 문장은 다음 내용을 배울 때 응용되어야 합니다. 그래야 반복이 되고 비로소 진짜 자신의 문장이 되기 때문입니다. 시원스쿨 스페인어는 새로운 내용만 쏟아 내기보다는 앞에서 배운 내용을 뒤에서 연결시키면서 복습과 학습을 동시에 할 수 있도록 고안되었습니다. 내용을 연계해 가며 핵심 원리를 끊임없이 반복함으로써, 별다른 노력 없이 자연스럽게 스페인어를 여러분의 것으로 만들 수 있습니다.

SOS 스페인어 말하기 첫걸음 **학습 플랜**

1개월 **'초스피드'** 학습 플랜

짧고 굵게 스페인어를 배우고 싶으신 분, 하루에 1시간~2시간을 투자하실 수 있는 분들을 위한 **1개월 단기 완성** 학습 플랜입니다.

월	화	수	목	금
준비강의 PARTE 1 **1강**	PARTE 1 **2, 3강**	PARTE 2 **4강**	PARTE 2 **5, 6강**	PARTE 3 **7강**
PARTE 3, 4 **8, 9강**	PARTE 4 **10, 11강**	PARTE 5 **12강**	PARTE 6 **13, 14강**	PARTE 7 **15강**
PARTE 7 **16, 17강**	PARTE 8 **18, 19강**	PARTE 8 **20강**	PARTE 9 **21, 22강**	PARTE 10 **23강**
PARTE 10 **24, 25강**	PARTE 10, 11 **26, 27강**	PARTE 11 **28강**	PARTE 12 **29강**	PARTE 12 **30강**

2개월 **'차근차근'** 학습 플랜

차근차근 스페인어를 배우고 싶으신 분, 두 달 동안 꾸준히 시간을 투자하실 수 있는 분들을 위한 **2개월 완성** 학습 플랜입니다.

월	화	수	목	금
준비강의	PARTE 1 **1강**	PARTE 1 **2강**	PARTE 1 **3강**	**1~3강 복습**
PARTE 2 **4강**	PARTE 2 **5강**	PARTE 2 **6강**	**4~6강 복습**	PARTE 3 **7, 8강**
7~8강 복습	PARTE 4 **9강**	PARTE 4 **10강**	PARTE 4 **11강**	**9~11강 복습**
PARTE 5 **12강**	PARTE 6 **13강**	PARTE 6 **14강**	**12~14강 복습**	PARTE 7 **15강**

월	화	수	목	금
PARTE 7 **16강**	PARTE 7 **17강**	**15~17강 복습**	PARTE 8 **18강**	PARTE 8 **19강**
PARTE 8 **20강**	**18~20강 복습**	PARTE 9 **21강**	PARTE 9 **22강**	**21~22강 복습**
PARTE 10 **23강**	PARTE 10 **24강**	PARTE 10 **25강**	PARTE 10 **26강**	**23~26강 복습**
PARTE 11 **27강**	PARTE 11 **28강**	PARTE 12 **29강**	PARTE 12 **30강**	**27~30강 복습**

Ready!

2탄 준비 강의

안녕하세요, 여러분!

《SOS 스페인어 말하기 첫걸음 개정 2탄》에 오신 것을 환영합니다!
1탄 '파닉스 & 기초 품사'에서 알파벳과 인칭대명사, 의문사를 배웠는데, 잘 기억하고 계시죠?
본격적인 학습에 앞서, 2탄에서도 '준비운동'을 해 보겠습니다.

❶ 스페인어 명사의 성과 수

'Yessi, 의사, 고양이, 컵' 등과 같은 단어를 '명사'라고 부릅니다. 스페인어 명사는 기본적으로 남성과 여성으로 구분되고, 단수와 복수로 나뉩니다.

남성 단수	여성 단수
남성 복수	여성 복수

TIP 이하 나오는 표에는 상기 표와 같이 남성 단수, 남성 복수, 여성 단수, 여성 복수로 구분하여 단어를 정리했으니 참고해 주세요.

'의사(médico/a)'라는 명사를 가지고 이 구분을 한 번 확인해 보도록 하겠습니다.

남자 의사 → médico	여자 의사 → médica
남자 의사들 → médicos	여자 의사들 → médicas

여기서 잠깐!

1탄에서 배웠던 남성과 여성, 단수와 복수를 구분하는 방법 생각나시나요? 성수 변화의 규칙은 아래와 같습니다. 다시 한번 떠올려 보세요.

1. 남성이 '-o'로 끝나면, 여성은 o → a로 바뀐다.
médic**o** → médic**a**

2. 남성이 자음으로 끝나면, 여성은 '자음 + a'이다.
profeso**r** → profesor**a**

3. '-e'로 끝나는 경우 대부분 남성, 여성 형태가 동일하다.
estudiant**e** → estudiant**e**

4. 남성, 여성 형태가 다른 경우도 있다.
아버지: **padre** → 어머니: **madre**

5. 모음(a/e/i/o/u)으로 끝날 경우 '-s'만 붙여서 복수 형태로 만든다.
médic**o** → médico**s**

6. 자음으로 끝날 경우 '-es'를 붙여 복수 형태로 만든다.
profeso**r** → profesor**es**

❷ 정관사 + 사람 관련 명사

앞서 배운 명사의 성격(성과 수)은 주로 명사의 맨 뒷부분(어미)을 통해 파악할 수 있습니다. 그러나 이 성격을 조금 더 빨리 파악하고 싶다면 명사 앞에 장치를 하나 추가하면 되는데, 이것을 문법적인 말로 '관사'라고 합니다. 명사의 성과 수에 따라서 명사의 앞에 올 수 있는 관사 또한 형태가 달라집니다.

el médico	**la** médica
los médicos	**las** médicas

위의 표에 표시했듯이 'el, los, la, las'가 바로 정관사입니다. 쉽게 말해 영어의 'the'에 해당한다고 생각하면 되는데, 이미 알고 있거나 언급된 정보를 칭할 때 사용합니다. 정관사는 한국어와 스페인어를 1:1로 해석하는 데 한계가 있기 때문에 본 책에서는 **'el médico → 남자 의사 혹은 그 남자 의사(서로가 이미 알고 있는 대상을 칭함)'**로 해석하도록 하겠습니다.

직업과 관련된 단어들을 조금 더 확인해 볼까요? 단어에 따라 각각 다른 관사를 사용한다는 점에 주의하면서 관사와 함께 스페인어 단어를 큰 소리로 읽어 주세요.

남자 변호사 **el** abogado	여자 변호사 **la** abogada
남자 변호사들 **los** abogados	여자 변호사들 **las** abogadas

남자 선생님 **el** profesor	여자 선생님 **la** profesora
남자 선생님들 **los** profesores	여자 선생님들 **las** profesoras

남자 화가 **el** pintor	여자 화가 **la** pintora

남자 작가 **el** autor	여자 작가 **la** autora

남자 화가들 **los** pintores	여자 화가들 **las** pintoras

남자 작가들 **los** autores	여자 작가들 **las** autoras

이번에는 'estudiante 학생'를 사용하여 정관사를 확인해 보겠습니다. 'estudiante'는 남성과 여성의 형태가 같죠? 이러한 경우에는 관사의 역할이 특히 중요합니다. 왜냐하면 관사로 명사의 성과 수를 구분할 수 있기 때문이죠. 그럼 정관사를 넣어 명사의 성과 수를 구분해 봅시다.

남학생 **el** estudiante	여학생 **la** estudiante
남학생들 **los** estudiantes	여학생들 **las** estudiantes

남성과 여성의 형태가 같은 단어를 좀 더 살펴봅시다. 한국어 뜻을 보면서 어떤 관사를 사용해야 할지 유추하며 읽어 보세요.

남자 기자 **el** periodista	여자 기자 **la** periodista
남자 기자들 **los** periodistas	여자 기자들 **las** periodistas

남자 치과 의사 **el** dentista	여자 치과 의사 **la** dentista
남자 치과 의사들 **los** dentistas	여자 치과 의사들 **las** dentistas

이번에는 '국적'을 표현하는 단어에 정관사를 붙여 보겠습니다.

한국 남자 **el** coreano	한국 여자 **la** coreana
한국 남자들 **los** coreanos	한국 여자들 **las** coreanas

중국 남자 **el** chino	중국 여자 **la** china
중국 남자들 **los** chinos	중국 여자들 **las** chinas

국적을 나타내는 명사 중에 '-o, -a'로 끝나지 않는 것들도 있습니다. 이러한 단어들은 예외적인 것들이므로 관사와 단어를 한번에 외우는 것이 좋습니다. 아래 표를 살펴보도록 합시다.

스페인 남자 **el** español	스페인 여자 **la** española
스페인 남자들 **los** españoles	스페인 여자들 **las** españolas

일본 남자 **el** japonés	일본 여자 **la** japonesa
일본 남자들 **los** japoneses	일본 여자들 **las** japonesas

이번에는 직업, 국적을 제외한 새로운 단어를 활용해 봅시다.

남자애 **el** chico	여자애 **la** chica
남자애들 **los** chicos	여자애들 **las** chicas

아들 **el** hijo	딸 **la** hija
아들들 **los** hijos	딸들 **las** hijas

남자인 친구 **el** amigo	여자인 친구 **la** amiga
남자인 친구들 **los** amigos	여자인 친구들 **las** amigas

남자 친구 **el** novio	여자 친구 **la** novia
남자 친구들 **los** novios	여자 친구들 **las** novias

TIP 1. 'el amigo', 'la amiga'는 실제로 사심 없이 친한 친구를 뜻하는 말입니다.
2. 남녀가 섞여 있는 집단(복수)을 이야기할 때에는 남성이 대표성을 가집니다.

❸ 정관사 + 사물 관련 명사

지금까지는 직업, 국적 등 '사람과 관련된 단어'를 활용해 보았습니다. 하지만 위에서 확인해 본 명사의 성수 개념은 '사물'을 나타내는 명사일 때에도 적용됩니다. '테이블, 고양이, 컵, 박물관' 등과 같은 명사들도 -o로 끝나면 주로 남성 명사, -a로 끝나면 주로 여성 명사입니다. 물론, 예외도 있습니다. 예외에 해당하는 명사들은 그때그때 외워 두면 좋습니다.
아래 표를 보면서 사물과 관련된 명사를 함께 배워 봅시다.

컵 **el** vaso	테이블 **la** mesa	고양이 **el** gato	창문 **la** ventana
컵들 **los** vasos	테이블들 **las** mesas	고양이들 **los** gatos	창문들 **las** ventanas

박물관 **el** museo	상점 **la** tienda	책 **el** libro	집 **la** casa
박물관들 **los** museos	상점들 **las** tiendas	책들 **los** libros	집들 **las** casas

④ 명사 앞에 관사를 사용하지 않아도 되는 경우

지금까지 스페인어 정관사에 대해 학습했습니다. 그런데 왕초보 탈출 1탄에 나왔던 명사들은 모두 관사가 없었습니다. 어떻게 그것이 가능했을까요? 틀리게 말했던 것일까요? 다행히도 그렇지 않습니다. 명사 앞에 굳이 관사를 붙이지 않아도 되는 때가 있는데, 이러한 경우를 크게 다섯 가지로 나누어 보았습니다.

1. 직업, 국적을 말할 때

의사: el médico / la médica

✔ 나는 남자 의사다. → Soy **médico.**

한국인: el coreano / la coreana

✔ 나는 한국 남자다. → Soy **coreano.**

2. 사람 이름, 국가 명, 지명 등의 '고유명사'

알리씨아: Alicia

✔ 나는 Alicia이다. → Soy **Alicia.**

스페인: España

✔ 나는 스페인 출신이다. → Soy de **España.**

마드리드: Madrid

✔ 나는 마드리드에 산다. → Vivo en **Madrid.**

3. 언어를 말하고, 학습할 때

스페인어: el español

TIP 1. 어떤 나라의 '언어'를 가리키는 말은 남성 명사로 씁니다.
2. 언어를 말하고 학습할 때는 대부분 관사를 사용하지 않습니다.

✔ 나는 스페인어를 말한다. ➡ Hablo **español.**

✔ 나는 스페인어를 배운다. ➡ Aprendo **español.**

✔ 나는 스페인어를 가르친다. ➡ Enseño **español.**

4. 음식이나 음료를 먹거나 마실 때

커피: el café

✔ 나는 커피를 마신다. ➡ Tomo **café.**

맥주: la cerveza

✔ 나는 맥주를 마신다. ➡ Tomo **cerveza.**

빠에야: la paella

✔ 나는 빠에야를 먹는다. ➡ Como **paella.**

5. 특정한 단어일 때

탱고: el tango

✔ 나는 탱고를 배운다. ➡ Aprendo **tango.**

돈: el dinero

✔ 나는 돈이 필요하다. ➡ Necesito **dinero.**

집: la casa

✔ 나는 집에 간다. ➡ Voy a **casa.**

TIP 집에(집으로) a casa / 집에(집에서) en casa

❺ 지시대명사 및 지시형용사

지시대명사는 '이것, 저것, 그것' 등으로 명사를 대신해서 무언가를 가리키는 단어이며, 지시형용사는 '이 ~, 그 ~, 저 ~' 등으로 명사를 꾸며 주는 단어입니다. 이번에는 '이것, 이 ~'에 해당하는 지시대명사 및 지시형용사를 배워 봅시다.

[이것: esto]

'esto'는 성수 구분을 하지 않는 지시대명사입니다. 따라서 사물에 대한 정확한 정보가 없을 때 사용할 수 있는데, 예를 들어 '이것은 뭐야? ¿Qué es esto?'라는 물음에 사용될 수 있습니다. 그러면 '이 남자애, 이 여자애들'과 같이 지칭하는 대상이 명확할 때에는 어떻게 할까요? 아래 표를 보면서 정리해 봅시다.

이 남자애 **este** chico	**이** 여자애 **esta** chica
이 남자애들 **estos** chicos	**이** 여자애들 **estas** chicas

이렇게 가리키는 대상이 명확히 존재한다면, 두리뭉실했던 'esto'는 각각 'este, estos, esta, estas'로 나뉘어 '이 ~'라고 사용됩니다. 그리고 사물의 성격을 확실히 알고 있을 때 'este, estos, esta, estas'는 '이것'이라는 지시대명사로도 쓰일 수 있습니다.

이것(남성 단수) ➡ **este**	이것(여성 단수) ➡ **esta**
이것들(남성 복수) ➡ **estos**	이것들(여성 복수) ➡ **estas**

아래 표들을 통해 계속해서 연습해 보겠습니다.

이 남자 친구 **este** amigo	**이** 여자 친구 **esta** amiga
이 남자 친구들 **estos** amigos	**이** 여자 친구들 **estas** amigas

이 한국 남자 **este** coreano	**이** 한국 여자 **esta** coreana
이 한국 남자들 **estos** coreanos	**이** 한국 여자들 **estas** coreanas

이 남자 의사 **este** médico	**이** 여자 의사 **esta** médica
이 남자 의사들 **estos** médicos	**이** 여자 의사들 **estas** médicas

이 남자 화가 **este** pintor	**이** 여자 화가 **esta** pintora
이 남자 화가들 **estos** pintores	**이** 여자 화가들 **estas** pintoras

이번에는 사람이 아닌, 사물과 관련된 명사를 활용해 봅시다.

이 컵 **este** vaso	**이** 테이블 **esta** mesa	**이** 고양이 **este** gato	**이** 창문 **esta** ventana
이 컵들 **estos** vasos	**이** 테이블들 **estas** mesas	**이** 고양이들 **estos** gatos	**이** 창문들 **estas** ventanas

이 박물관 **este** museo	**이** 상점 **esta** tienda	**이** 책 **este** libro	**이** 집 **esta** casa
이 박물관들 **estos** museos	**이** 상점들 **estas** tiendas	**이** 책들 **estos** libros	**이** 집들 **estas** casas

스페인어 지시대명사는 '이것' 외에도 '그것, 저것'이 존재합니다. 아래 표를 보면서 '그것, 저것'에 해당하는 지시대명사도 살펴보도록 합시다.

[그것: **eso**(사물에 대한 정확한 정보가 없을 때)]

그 남자 변호사 **ese** abogado	**그** 여자 변호사 **esa** abogada	**그** 중국 남자 **ese** chino	**그** 중국 여자 **esa** china
그 남자 변호사들 **esos** abogados	**그** 여자 변호사들 **esas** abogadas	**그** 중국 남자들 **esos** chinos	**그** 중국 여자들 **esas** chinas

그 컵 **ese** vaso	**그** 테이블 **esa** mesa	**그** 고양이 **ese** gato	**그** 창문 **esa** ventana
그 컵들 **esos** vasos	**그** 테이블들 **esas** mesas	**그** 고양이들 **esos** gatos	**그** 창문들 **esas** ventanas

TIP 사물의 성격을 알 경우에는 'ese, esos, esa, esas'도 지시대명사(그것)로 사용될 수 있습니다.

[저것: aquello(사물에 대한 정확한 정보가 없을 때)]

저 남자 변호사 **aquel** abogado	저 여자 변호사 **aquella** abogada	저 중국 남자 **aquel** chino	저 중국 여자 **aquella** china
저 남자 변호사들 **aquellos** abogados	저 여자 변호사들 **aquellas** abogadas	저 중국 남자들 **aquellos** chinos	저 중국 여자들 **aquellas** chinas

저 박물관 **aquel** museo	저 상점 **aquella** tienda	저 책 **aquel** libro	저 집 **aquella** casa
저 박물관들 **aquellos** museos	저 상점들 **aquellas** tiendas	저 책들 **aquellos** libros	저 집들 **aquellas** casas

TIP 'aquel, aquellos, aquella, aquellas'도 사물의 성격을 알 경우 지시대명사(저것)로 사용될 수 있습니다.

❻ 왕초보 탈출 1탄에서 사용된 대표 명사들

1탄에서 배웠던 남성 명사와 여성 명사를 정리하면서 관사에 대한 내용을 다시 한번 상기해 봅시다. 'la agua'의 경우, 발음상의 이유로 'el agua'로 표기해야 한다는 사실에 주의하면서 아래 표를 살펴 보세요.

남성	여성
el estudiante	la estudiante
el cantante	la cantante
el dentista	la dentista
el periodista	la periodista
el médico	la médica
el abogado	la abogada
el profesor	la profesora
el pintor	la pintora
el autor	la autora
el coreano (한국 남자; 한국어)	la coreana
el chino (중국 남자; 중국어)	la china
el japonés (일본 남자; 일본어)	la japonesa
el español (스페인 남자; 스페인어)	la española
el inglés (영국 남자; 영어)	la inglesa
el café	la casa
el tequila	la paella
el dinero	la mamá
el cuy	la cerveza
el marisco	**el agua**
el taco	**('la agua'를 발음상의 이유로 'el agua'로 바꿔 써 줍니다.)**
el tango	
el té	
el papá	
el pollo	

PARTE 01

카페는 닫혀 있어.

핵심 학습 '정관사 + 명사' 활용하기(1)

CAFÉ
coffee
cake
CLOSED

El gato es pequeño.

고양이는 작습니다.

학습 목표 2탄 준비 강의 잘 마무리하셨나요? 이번 강의에서는 준비 강의에서 배웠던 '정관사 + 명사'를 ser 동사와 활용하여 말해 봅시다.

alto/a 키가 큰 | **bajo/a** 키가 작은 | **vaso** m. 컵 | **mesa** f. 테이블 | **gato** m. 고양이 | **casa** f. 집 | **grande** 큰 | **pequeño/a** 작은

STEP 1

지난 시간 복습

잠깐! 다시 떠올려 볼까요?

1탄에서 배웠던 ser 동사 현재시제 변화 형태를 먼저 복습해 봅시다.

ser ~이다	
Yo	soy
Tú	eres
Usted / Él / Ella	es
Nosotros/as	somos
Vosotros/as	sois
Ustedes / Ellos / Ellas	son

준비 강의에서 배웠던 단어들 중에서 '남자애, 여자애'라는 단어를 복습해 보겠습니다.

- ✔ 남자애 → el chico
- ✔ 남자애들 → los chicos
- ✔ 여자애 → la chica
- ✔ 여자애들 → las chicas

이번 시간에는 다음과 같이 해석하여 말하기 연습을 해 봅시다.

- ✔ 그 남자애 → el chico(말하는 이와 상대가 서로 알고 있는 '그 남자애')
- ✔ 그 남자애들 → los chicos
- ✔ 그 여자애 → la chica
- ✔ 그 여자애들 → las chicas

오늘도 하나씩 쌓아 가기!

오늘의 표현과 단어를 하나씩 쌓고, 밑줄 포인트를 익혀 봅시다.

❶ 오늘의 표현

✔ 야!(친구, 친한 사람끼리 쓰는 말) → ¡Oye!

Ej 야, 너 어디야? → Oye, ¿Dónde estás?

Ej 야, 너 뭐 하고 있어?(뭐 하는 중이야?) → ¡Oye! ¿Qué estás haciendo ahora?

❷ 오늘의 단어

✔ 월요일 / 월요일에 → el lunes

TIP 월요일에 보자! → ¡Hasta el lunes!

✔ 키가 큰 → alto/a

✔ 키가 작은 → bajo/a

✔ 컵 → el vaso

✔ 테이블 → la mesa

✔ 고양이 → el gato

✔ 집 → la casa

✔ 큰 → grande

✔ 작은 → pequeño/a

❸ 오늘의 밑줄 긋기

◆ '배우다, 말하다, 가르치다, 공부하다'라는 표현에는 관사를 사용하지 않는다고 했지만, 언어를 지칭하는 명사가 주어가 되는 경우(문장의 맨 앞에 위치하는 경우)에는 관사를 사용해야 합니다.

Ej **El** español es interesante. 스페인어는 흥미롭다.
El ruso es muy difícil. 러시아어는 매우 어렵다.

STEP 2

오늘의 학습

오늘은 무엇을 배워 볼까요?

① 오늘의 핵심 포인트

1탄에서는 주어 자리에 '나, 너, Daniel, Yessi' 등 인칭대명사 혹은 이름과 관련된 주어를 사용하였습니다.

- ✔ Yessi는 예쁘다. → Yessi es guapa.
- ✔ Daniel은 좋은 사람이다. → Daniel es bueno.
- ✔ 그녀는 기자다. → Ella es periodista.

이번 강의에서는 'Yessi는 예쁘다' 대신에 '그 여자애는 예쁘다'와 같이 주어 자리에 '정관사 + 명사'를 넣어서 말해 봅시다.

② 응용(1)

- ✔ Daniel은 잘생겼다. → Daniel es guapo.
- ✔ 그 남자애는 잘생겼다. → El chico es guapo.

- ✔ Yessi는 예쁘다. → Yessi es guapa.
- ✔ 그 여자애는 예쁘다. → La chica es guapa.

- ✔ Juan은 키가 크다. → Juan es alto.
- ✔ 그 남자애는 키가 크다. → El chico es alto.

- ✔ Ana는 키가 작다. → Ana es baja.
- ✔ 그 여자애는 키가 작다. → La chica es baja.

✔ 그 남자애는 친절하다. ➡ El chico es amable.

✔ 그 남자애는 활발하다. ➡ El chico es activo.

✔ 그 남자애는 착하다.(좋은 사람이다.) ➡ El chico es bueno.

✔ 그 여자애들은 착하다.(좋은 사람들이다.) ➡ Las chicas son buenas.

✔ 그 여자애들은 키가 작다. ➡ Las chicas son bajas.

✔ 그 여자애들은 활발하다. ➡ Las chicas son activas.

③ 응용(2)

접속사 'y 그리고'를 활용해 봅시다.

✔ 너와 나 ➡ tú y yo

✔ Juan과 Ana ➡ Juan y Ana

✔ Daniel과 Lucas는 잘생겼다. ➡ Daniel y Lucas son guapos.

✔ Yessi와 Lucía는 예쁘다. ➡ Yessi y Lucía son guapas.

④ 응용(3)

지금까지 주로 성격과 외모 등 사람에 대해서만 이야기했는데, 지금부터는 ser 동사를 활용하여 명사, 즉 사물의 성질에 대해서도 말해 보겠습니다. ser 동사의 현재시제 변화 형태 중 3인칭 단수와 3인칭 복수 형태인 'es와 son'을 사용하여 사물의 성질을 말해 봅시다.

✔ 컵은 작다. ➡ El vaso es pequeño.

✔ 컵들은 작다. ➡ Los vasos son pequeños.

✔ 테이블은 작다. ➡ La mesa es pequeña.

✔ 테이블들은 작다. ➡ Las mesas son pequeñas.

✔ 컵은 크다. → El vaso es grande.

✔ 컵들은 크다. → Los vasos son grandes.

✔ 테이블은 크다. → La mesa es grande.

✔ 테이블들은 크다. → Las mesas son grandes.

✔ 이 컵은 작다. → Este vaso es pequeño.

✔ 이 컵들은 작다. → Estos vasos son pequeños.

✔ 이 테이블은 크다. → Esta mesa es grande.

✔ 이 테이블들은 크다. → Estas mesas son grandes.

✔ 고양이는 작다. → El gato es pequeño.

✔ 고양이들은 작다. → Los gatos son pequeños.

✔ 집은 크다. → La casa es grande.

✔ 집들은 크다. → Las casas son grandes.

어휘 체크 | 스페인어를 보고, 알맞은 뜻에 체크 표시(√)를 해 보세요.

1	alto	□ 키가 작은	□ 키가 큰	2	casa	□ 회사	□ 집
3	grande	□ 작은	□ 큰	4	mesa	□ 의자	□ 테이블
5	vaso	□ 와인	□ 컵	6	interesante	□ 흥미로운	□ 지루한
7	gato	□ 고양이	□ 강아지	8	activo	□ 활발한	□ 친절한

정답 1. 키가 큰 2. 집 3. 큰 4. 테이블 5. 컵 6. 흥미로운 7. 고양이 8. 활발한

STEP 3

연습 문제

오늘 배운 내용을 완전히 내 것으로 만들어 봐요!

❶ 다음 명사에 알맞은 관사를 적고, 뜻을 적어 봅시다.

a. ______ chico : ______

b. ______ chica : ______

c. ______ chicos : ______

d. ______ vaso : ______

e. ______ mesas : ______

❷ 나열된 단어를 순서대로 배열하여 문장을 만들어 봅시다.

a. 그 여자애는 친절하다.
(es / amable / la chica)

➡ ______

b. 그 남자애는 나쁜 사람이다.
(el / chico / malo / es)

➡ ______

c. José와 Fernando는 친절하다.
(José / amables / son / Fernando / y)

➡ ______

d. María와 Paula는 키가 크다.
(altas / Paula / son / y / María)

➡ ______

❸ 오늘 배운 표현들을 직접 작문해 봅시다.

a. 컵은 크다.

➡ ______

b. 컵들은 크다.

➡ ____________________

c. 집은 작다.

➡ ____________________

d. 집들은 작다.

➡ ____________________

❹ 제시된 단어를 이용해 직접 작문해 봅시다.

delgado/a 날씬한 | **interesante** 흥미로운 | **gato** m. 고양이 | **pobre** 가난한 | **alto/a** 키가 큰 | **activo/a** 활발한

a. 그 여자애는 날씬하다. ➡ ____________________

b. 그 남자애는 흥미롭다. ➡ ____________________

c. 그 남자애들은 가난하다. ➡ ____________________

d. 그 여자애들은 키가 크다. ➡ ____________________

e. 그 고양이는 활발하다. ➡ ____________________

오늘 꼭 기억해 두어야 할 문장! 완전히 내 것으로 만들어 봐요.

❶ **El vaso es grande.**

❷ **Los vasos son grandes.**

❸ **La casa es pequeña.**

❹ **Las casas son pequeñas.**

정답

1 a. El – 그 남자애 / b. La – 그 여자애 / c. Los – 그 남자애들 / d. El – 컵 / e. Las – 탁자들

2 a. La chica es amable. / b. El chico es malo. / c. José y Fernando son amables. / d. María y Paula son altas.

3 a. El vaso es grande. / b. Los vasos son grandes. / c. La casa es pequeña. / d. Las casas son pequeñas.

4 a. La chica es delgada. / b. El chico es interesante. / c. Los chicos son pobres. / d. Las chicas son altas. / e. El gato es activo.

La tienda está cerrada.

상점은 닫혀 있습니다.

이번 시간에는 준비 강의에서 배웠던 '정관사 + 명사'를 estar 동사와 결합하여 말해 봅시다.

martes m. 화요일 | **café** m. 카페 | **tienda** f. 상점 | **museo** m. 박물관 | **ventana** f. 창문 | **abierto/a** 열린 | **cerrado/a** 닫힌 | **enfermo/a** 아픈 | **cansado/a** 피곤한

STEP 1

지난 시간 복습

잠깐! 다시 떠올려 볼까요?

❶ '정관사 + 명사'와 ser 동사 활용하기

지난 시간에는 '정관사 + 명사'를 주어로 활용해 보았습니다. 또한 ser 동사는 '친절하다, 예쁘다, 활발하다'와 같이 사람의 성격 및 특징을 말할 때도 사용되지만 '작다, 크다'와 같이 사물의 성질도 말할 수 있었다는 점 기억해 주세요.

❷ 지난 강의 주요 표현

✔ 그 남자애는 잘생겼다. → El chico es guapo.

✔ 그 여자는 예쁘다. → La chica es guapa.

✔ 그 여자애들은 예쁘다. → Las chicas son guapas.

✔ 테이블은 작다. → La mesa es pequeña.

✔ 테이블들은 작다. → Las mesas son pequeñas.

✔ 고양이는 크다. → El gato es grande.

✔ 고양이들은 크다. → Los gatos son grandes.

오늘도 하나씩 쌓아 가기!

오늘의 표현과 단어를 하나씩 쌓고, 밑줄 포인트를 익혀 봅시다.

❶ 오늘의 표현

✔ 젊은 남자를 부를 때 → ¡Joven!

✔ 아저씨를 부를 때 → ¡Señor!

✔ 아가씨를 부를 때 → ¡Señorita!

✔ 아주머니를 부를 때 → ¡Señora!

❷ 오늘의 단어

✔ 화요일 / 화요일에 ➡ el martes

TIP 화요일에 보자! → ¡Hasta el martes!

✔ 카페 ➡ el café

✔ 카페들 ➡ los cafés

TIP '카페'를 'cafetería'라고도 합니다.

✔ 상점 ➡ la tienda

✔ 상점들 ➡ las tiendas

✔ 박물관 ➡ el museo

✔ 박물관들 ➡ los museos

✔ 창문 ➡ la ventana

✔ 창문들 ➡ las ventanas

✔ 열린 ➡ abierto/a

✔ 닫힌 ➡ cerrado/a

❸ 오늘의 밑줄 긋기

◆ 앞서 준비 강의에서 배웠던 지시형용사와 대명사, 기억나시나요? 특정 대상을 지칭할 때 명사에 정관사를 붙이는 것처럼, '이 ~, 저 ~' 등 구체적인 대상을 가리킬 때에는 지시형용사와 대명사를 이용해 말할 수 있습니다.

Ej **Este** museo está cerrado. **이** 박물관은 닫혀 있다.
Aquella tienda está abierta. **저** 상점은 열려 있다.

STEP 2

오늘의 학습

오늘은 무엇을 배워 볼까요?

① 오늘의 핵심 포인트

estar 동사는 일시적인 기분이나 상태 및 위치를 표현하는 데 사용됩니다. 오늘 강의에서는 estar 동사를 활용하여 '정관사 + 명사'를 주어로 말해 보겠습니다. 먼저, 1탄에서 학습했던 estar 동사의 현재시제 변화 형태를 복습해 봅시다.

estar ~이다, ~ 있다	
Yo	estoy
Tú	estás
Usted / Él / Ella	está
Nosotros/as	estamos
Vosotros/as	estáis
Ustedes / Ellos / Ellas	están

- ✔ (주어가 남성일 때) 나는 피곤하다. → Estoy cansado.
- ✔ (주어가 여성일 때) 나는 피곤하다. → Estoy cansada.
- ✔ Daniel은 아프다. → Daniel está enfermo.
- ✔ Yessi는 아프다. → Yessi está enferma.

② 응용

- ✔ 그 남자애는 피곤하다. → El chico está cansado.
- ✔ 그 남자애들은 피곤하다. → Los chicos están cansados.
- ✔ 그 여자애는 피곤하다. → La chica está cansada.
- ✔ 그 여자애들은 피곤하다 → Las chicas están cansadas.

✔ 그 남자애는 아프다. ➡ El chico está enfermo.

✔ 그 남자애들은 아프다. ➡ Los chicos están enfermos.

✔ 그 여자애는 아프다. ➡ La chica está enferma.

✔ 그 여자애들은 아프다. ➡ Las chicas están enfermas.

③ estar 동사를 활용하여 사물의 상태 말하기

'열려 있다 estar abierto/a', '닫혀 있다 estar cerrado/a'를 활용하여 문장을 만들어 봅시다.

✔ 카페는 열려 있다. ➡ El café está abierto.

✔ 카페들은 열려 있다. ➡ Los cafés están abiertos.

✔ 상점은 열려 있다. ➡ La tienda está abierta.

✔ 상점들은 열려 있다. ➡ Las tiendas están abiertas.

TIP '카페'를 'cafetería'라고도 합니다.

✔ 카페는 닫혀 있다. ➡ El café está cerrado.

✔ 카페들은 닫혀 있다. ➡ Los cafés están cerrados.

✔ 상점은 닫혀 있다. ➡ La tienda está cerrada.

✔ 상점들은 닫혀 있다. ➡ Las tiendas están cerradas.

✔ 창문은 열려 있다. ➡ La ventana está abierta.

✔ 창문들은 열려 있다. ➡ Las ventanas están abiertas.

✔ 박물관은 닫혀 있다. ➡ El museo está cerrado.

✔ 박물관들은 닫혀 있다. ➡ Los museos están cerrados.

✔ 이 카페는 열려 있다. → Este café está abierto.

✔ 이 카페들은 열려 있다. → Estos cafés están abiertos.

✔ 이 상점은 열려 있다. → Esta tienda está abierta.

✔ 이 상점들은 열려 있다. → Estas tiendas están abiertas.

④ ser 동사와 estar 동사 비교

ser 동사는 '원래 타고난 속성 및 성질'을, estar 동사는 '지금의 일시적 상태'를 표현할 때 쓰입니다. ser 동사와 estar 동사의 차이점을 잘 기억하면서 예문을 다시 한번 살펴보세요.

ser 동사 + 형용사	estar 동사 + 형용사
예쁘다, 친절하다, 활발하다… → 사람의 **속성**을 표현	피곤하다, 아프다, 괜찮다… → 사람의 **상태**를 표현
작다, 크다… → 사물의 **속성**을 표현	열렸다, 닫혀 있다… → 사물의 **상태**를 표현

✔ 그 여자는 예쁘다. → La chica **es** guapa.

✔ 테이블들은 작다. → Las mesas **son** pequeñas.

✔ 그 남자애는 피곤하다. → El chico **está** cansado.

✔ 상점들은 닫혀 있다. → Las tiendas **están** cerradas.

STEP 3

연습 문제

오늘 배운 내용을 완전히 내 것으로 만들어 봐요!

❶ 다음 명사에 알맞은 관사를 적고, 뜻을 적어 봅시다.

a. ______ café : ______

b. ______ tienda : ______

c. ______ ventanas : ______

d. ______ museos : ______

e. ______ mesa : ______

❷ 빈칸에 알맞은 동사 변화를 적어 봅시다.

a. 그 여자애는 친절하다. La chica ______ amable.

b. 그 고양이들은 활발하다. Los gatos ______ activos.

c. 상점들은 닫혀 있다. Las tiendas ______ cerradas.

d. 그 남자애들은 아프다. Los chicos ______ enfermos.

e. 컵들은 크다. Los vasos ______ grandes.

❸ 오늘 배운 표현들을 직접 작문해 봅시다.

a. 카페는 열려 있다.

➡ ______

b. 이 카페들은 열려 있다.

➡ ______

c. 상점은 닫혀 있다.

➡ ______________________________

d. 이 상점들은 닫혀 있다.

➡ ______________________________

④ 제시된 단어를 이용해 직접 작문해 봅시다.

contento/a 만족한, 흡족한 | **escuela** f. 학교 | **puerta** f. 문

a. 그 남자애는 만족한다. ➡ ______________________________

b. 그 여자애들은 만족하나요? ➡ ______________________________

c. 학교가 닫혀 있다. ➡ ______________________________

d. 문들이 열려 있다. ➡ ______________________________

오늘 꼭 기억해 두어야 할 문장! 완전히 내 것으로 만들어 봐요.

① **El café está abierto.**

② **Estos cafés están abiertos.**

③ **Esta tienda está cerrada.**

④ **Las tiendas están cerradas.**

정답

1 **a.** El - 카페 / **b.** La - 상점 / **c.** Las - 창문들 / **d.** Los - 박물관들 / **e.** La - 테이블

2 **a.** es / **b.** son / **c.** están / **d.** están / **e.** son

3 **a.** El café está abierto. / **b.** Estos cafés están abiertos. / **c.** La tienda está cerrada. / **d.** Estas tiendas están cerradas.

4 **a.** El chico está contento. / **b.** ¿Las chicas están contentas? / **c.** La escuela está cerrada. / **d.** Las puertas están abiertas.

Yessi es más guapa que 김태희.

Yessi가 김태희보다 더 예쁩니다.

이번 시간에는 비교급 표현을 활용하여 '내가 너보다 예뻐'와 같은 문장을 만들어 봅시다.

escuela f. 학교 | **puerta** f. 문 | **museo** m. 박물관 | **ventana** f. 창문 | **tímido/a** 소심한 | **miércoles** m. 수요일 | **más** 더 | **menos** 덜 | **tienda** f. 상점 | **vaso** m. 컵 | **mesa** f. 테이블

STEP 1

지난 시간 복습

잠깐! 다시 떠올려 볼까요?

❶ '정관사 + 명사'와 estar 동사 활용하기

지난 시간에는 estar 동사를 활용하여 주어의 자리에 '정관사 + 명사'를 넣어 보았습니다. 또한, 사람의 상태뿐만 아니라 사물의 상태를 말하는 estar 동사를 학습했습니다.

❷ ser 동사와 estar 동사 비교

영어의 be 동사에 해당하는 스페인어 동사는 2개란 사실! 눈치채셨나요? 바로 ser 동사와 estar 동사입니다. 일상에서 매우 많이 사용되니 이 두 동사의 성격을 잘 이해하는 것이 매우 중요합니다.

ser 동사 + 형용사	estar 동사 + 형용사
예쁘다, 작다… → 원래 타고난 **속성 및 성질**	아프다, 닫혀 있다… → 상태, 위치 등의 일시적인 **상태**

❸ 지난 강의 주요 표현

✔ 이 고양이는 작다. ➡ Este gato es pequeño.

✔ 이 고양이들은 크다. ➡ Estos gatos son grandes.

✔ 이 창문은 닫혀 있다. ➡ Esta ventana está cerrada.

✔ 이 창문들은 열려 있다. ➡ Estas ventanas están abiertas.

오늘도 하나씩 쌓아 가기!

오늘의 표현과 단어를 하나씩 쌓고, 밑줄 포인트를 익혀 봅시다.

❶ 오늘의 표현

이번 시간부터 오늘의 표현에서는 식당에서 사용될 수 있는 회화 표현 및 스페인어권 국가들의 다양한 음식들을 배워 봅시다.

✔ (식당에서) 남자 종업원을 부를 때 → ¡Camarero!

✔ (식당에서) 여자 종업원을 부를 때 → ¡Camarera!

TIP 상황에 따라 종업원을 부를 때 '¡Joven!', '¡Amigo!', '¡Amiga!'라고 부르기도 합니다.

❷ 오늘의 단어

✔ 수요일 / 수요일에 → el miércoles

TIP 수요일에 보자! → ¡Hasta el miércoles!

✔ 더 → más

✔ 덜 → menos

❸ 오늘의 밑줄 긋기

◆ 'más 더, menos 덜'과 접속사 'o 혹은'을 이용해 'más o menos'라고 표현할 수 있습니다. 'más o menos'는 많지도 적지도 않은, 즉 '그저 그런, 대략, 대충'이라는 의미로 많이 쓰이므로 꼭 함께 기억하세요!

STEP 2 오늘의 학습

오늘은 무엇을 배워 볼까요?

① 오늘의 핵심 포인트

'나는 예쁘다 → Yo soy guapa'는 1탄에서 우리가 열심히 공부한 문장입니다. 이번 강의에서는 '나는 ~보다 더 예쁘다, 나는 ~보다 덜 예쁘다'와 같이 비교급 표현에 대해서 배워 보겠습니다.

예쁜 → guapa	더 예쁜 → **más** guapa
	덜 예쁜 → **menos** guapa

- ✔ 나는 예쁘다. → Soy guapa.
- ✔ 나는 더 예쁘다. → Soy más guapa.
- ✔ 나는 덜 예쁘다. → Soy menos guapa.

- ✔ (주어가 남성일 때) 나는 활발하다. → Soy activo.
- ✔ (주어가 남성일 때) 나는 더 활발하다. → Soy más activo.
- ✔ (주어가 남성일 때) 나는 덜 활발하다. → Soy menos activo.

- ✔ (주어가 여성일 때) 나는 키가 크다. → Soy alta.
- ✔ (주어가 여성일 때) 나는 키가 더 크다. → Soy más alta.
- ✔ (주어가 여성일 때) 나는 키가 덜 크다. → Soy menos alta.

- ✔ 나는 친절하다. → Soy amable.
- ✔ 나는 더 친절하다. → Soy más amable.
- ✔ 나는 덜 친절하다. → Soy menos amable.

② 응용

- ✔ 이 남자애는 잘생겼다. → Este chico es guapo.
- ✔ 이 남자애가 더 잘생겼다. → Este chico es más guapo.
- ✔ 이 남자애가 덜 잘생겼다. → Este chico es menos guapo.

✔ 이 남자애들이 더 잘생겼다. → Estos chicos son más guapos.

✔ 이 남자애들이 덜 잘생겼다. → Estos chicos son menos guapos.

✔ 이 여자애는 예쁘다. → Esta chica es guapa.

✔ 이 여자애가 더 예쁘다. → Esta chica es más guapa.

✔ 이 여자애가 덜 예쁘다. → Esta chica es menos guapa.

✔ 이 여자애들이 더 예쁘다. → Estas chicas son más guapas.

✔ 이 여자애들이 덜 예쁘다. → Estas chicas son menos guapas.

✔ 이 컵이 더 크다. → Este vaso es más grande.

✔ 이 컵들이 더 크다. → Estos vasos son más grandes.

✔ 이 집이 더 작다. → Esta casa es más pequeña.

✔ 이 집들이 더 작다. → Estas casas son más pequeñas.

③ que + 비교 대상 = ~보다

비교급에 **비교 대상**까지 추가해서 문장을 만들어 보도록 하겠습니다. 비교급 문장 뒤에 **'que + 비교 대상'**을 추가해 주기만 하면 됩니다.

✔ 나는 **더** 예쁘다 / **너보다** → Soy **más** guapa **que tú**.

✔ 나는 **더** 친절하다 / **너보다** → Soy **más** amable **que tú**.

✔ 나는 김태희보다 더 예쁘다. → Soy más guapa que 김태희.

✔ 나는 원빈보다 더 잘생겼다. → Soy más guapo que 원빈.

✔ 나는 그녀보다 더 예쁘다. → Soy más guapa que ella.

✔ 나는 이 여자애보다 더 예쁘다. → Soy más guapa que esta chica.

✔ Yessi가 김태희보다 더 예쁘다. → Yessi es más guapa que 김태희.

✔ Yessi가 김태희보다 더 키가 크다. → Yessi es más alta que 김태희.

✔ Yessi는 이 여자애보다 더 예쁘다. → Yessi es más guapa que esta chica.

✔ Morris는 너보다 덜 친절하다. → Morris es menos amable que tú.

✔ Daniel은 헤니보다 덜 친절하다. → Daniel es menos amable que 헤니.

✔ Daniel은 이 남자애보다 덜 친절하다. → Daniel es menos amable que este chico.

✔ Lucas는 원빈보다 더 친절하다. → Lucas es más amable que 원빈.

✔ Adrian은 우빈보다 더 키가 크다. → Adrian es más alto que 우빈.

✔ 이 컵이 이 집보다 더 크다. → Este vaso es más grande que esta casa.

✔ 이 박물관이 이 상점보다 더 작다. → Este museo es más pequeño que esta tienda.

④ 비교급 불규칙 형태

'더 잘생긴, 덜 친절한'과 같은 비교급에도 불규칙 형태가 있습니다. 대표적으로 'bueno/a 좋은', 'malo/a 나쁜'의 비교급 불규칙 형태를 확인해 봅시다.

✔ 더 좋은 → ~~más bueno/a/os/as~~ → **mejor/es**

✔ 더 나쁜 → ~~más malo/a/os/as~~ → **peor/es**

TIP 'mejor'와 'peor'는 성 구분이 없습니다.

✔ 이 컵이 더 좋다. → Este vaso es mejor.

✔ 이 컵들이 더 좋다. → Estos vasos son mejores.

✔ 이 테이블이 더 나쁘다.(질이 안 좋다.) → Esta mesa es peor.

✔ 이 테이블들이 더 나쁘다.(질이 안 좋다.) → Estas mesas son peores.

STEP 3 연습 문제

오늘 배운 내용을 완전히 내 것으로 만들어 봐요!

❶ 해석을 보고 빈칸에 알맞은 단어를 적어 봅시다.

a. 나는 더 예쁘다. — Soy ______ guapa.

b. 이 남자애가 덜 잘생겼다. — Este chico es ______ guapo.

c. 그녀는 키가 더 크다. — Ella es ______ alta.

d. 이 집들이 덜 작다. — Estas casas son ______ pequeñas.

e. 이 컵들이 더 좋다. — Estos vasos son ______.

f. 이 테이블이 더 나쁘다.(질이 안 좋다.) — Esta mesa es ______.

❷ 나열된 단어를 순서대로 배열하여 문장을 만들어 봅시다.

a. 이 컵이 이 집보다 더 크다.
(grande / es / esta / vaso / más / este / casa / que)

➡ ______

b. 이 박물관이 이 상점보다 더 작다.
(esta / pequeño / que / museo / es / tienda / este / más)

➡ ______

c. 내가 너보다 더 예뻐.
(que / soy / guapa / más / tú)

➡ ______

d. 네가 김태희보다 더 예뻐.
(김태희 / más / que / eres / guapa)

➡ ______

③ 오늘 배운 표현들을 직접 작문해 봅시다.

a. 이 컵이 이 집보다 더 크다.

➡ ______________________________

b. 이 박물관이 이 상점보다 더 작다.

➡ ______________________________

c. 내가 너보다 더 예뻐.

➡ ______________________________

d. 네가 김태희보다 더 예뻐.

➡ ______________________________

④ 제시된 단어를 이용해 직접 작문해 봅시다.

escuela f. 학교 | **puerta** f. 문 | **museo** m. 박물관 | **ventana** f. 창문 | **tímido/a** 소심한

a. 이 학교가 그 박물관보다 더 크다. ➡ ______________

b. 이 문이 더 좋다. ➡ ______________

c. Juanita는 Andrea보다 덜 소심하다. ➡ ______________

d. 이 창문이 더 작다. ➡ ______________

오늘 꼭 기억해 두어야 할 문장! 완전히 내 것으로 만들어 봐요.

① **Este vaso es más grande que esta casa.**

② **Este museo es más pequeño que esta tienda.**

③ **Soy más guapa que tú.**

④ **Eres más guapa que 김태희.**

1 a. más / b. menos / c. más / d. menos / e. mejores / f. peor

2-3 a. Este vaso es más grande que esta casa. / b. Este museo es más pequeño que esta tienda. / c. Soy más guapa que tú. / d. Eres más guapa que 김태희.

4 a. Esta escuela es más grande que ese museo. / b. Esta puerta es mejor. / c. Juanita es menos tímida que Andrea. / d. Esta ventana es más pequeña.

PARTE 1

주요 문장 한번 더 짚고 가기!

1. El vaso es grande.
2. Los vasos son grandes.
3. La casa es pequeña.
4. Las casas son pequeñas.
5. El café está abierto.
6. Estos cafés están abiertos.
7. Esta tienda está cerrada.
8. Las tiendas están cerradas.
9. Este vaso es más grande que esta casa.
10. Este museo es más pequeño que esta tienda.
11. Soy más guapa que tú.

스페인어를 사용하는 중남미 국가 1탄,
아르헨티나(Argentina)

▲ 아사도(Asado)

위치 | 남아메리카 대륙 남동부

시차 | 12시간 느림(한국 기준)

화폐 | 페소(Peso)

인구 | 4,577만 명

수도 | 부에노스아이레스(Buenos Aires)

주요도시 | 라플라타(La Plata), 로사리오(Rosario), 마르 델 플라타(Mar del Plata)

특징 | 아르헨티나에 여행을 가면 꼭 먹어야 하는 음식, 바로 아사도(Asado)입니다. 아사도는 스페인어로 '굽는다'라는 뜻의 'Asar'에서 나온 말로, 소고기의 나라 아르헨티나답게 소고기에 소금을 뿌려 숯불에 구운 바비큐예요. 아사도는 아르헨티나에서 국민 음식이라고 할 정도로 아주 보편적인 음식으로, 아르헨티나의 원주민인 가우초(Gaucho)들이 먹던 요리에서 유래하여 전통 요리가 되었습니다. 아사도는 파리야(Parilla)라고 불리는 그릴에 소고기의 갈비뼈 부위를 통째로 굽는데, 소고기뿐만 아니라 소시지나 닭고기, 돼지고기도 함께 구워 먹습니다. 아사도는 다른 양념을 하지 않고 굵은 소금만 뿌려서 간을 맞추며, 5시간 이상을 구워야 본연의 숯불 훈제 향을 완벽하게 느낄 수 있다고 해요. 또한 치미추리 소스(Chimichurri Sauce: 오레가노, 파슬리, 칠리 등을 섞어서 만든 소스)로 버무린 샐러드와 함께 먹으면 그 맛이 더 끝내준다고 합니다. 아르헨티나로 여행을 간다면 아르헨티나식 바비큐인 아사도를 꼭 먹어 보세요!

PARTE

02

화장실 어디에 있어요?

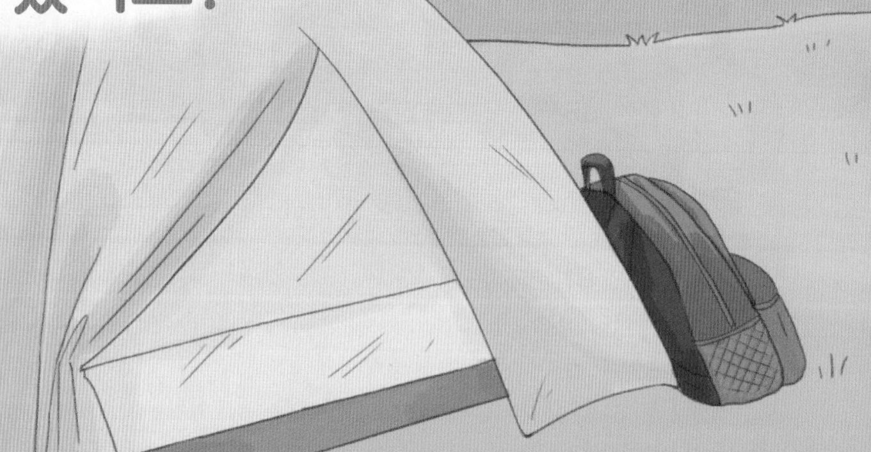

핵심 학습

'정관사 + 명사' 활용하기(2)

¿Dónde está el baño?

화장실 어디에 있어요?

학습 목표 이번 시간에는 estar 동사를 활용하여 '사물의 위치'를 묻고 답해 봅시다.

jueves m. 목요일 | **allí** 저기 | **baño** m. 화장실 | **coche** m. 자동차 | **libro** m. 책 | **café** m. 커피 | **mesa** f. 테이블 | **museo** m. 박물관 | **delante de** ~ 앞에 | **detrás de** ~ 뒤에 | **encima de** ~ 위에 | **debajo de** ~ 아래에

STEP 1

지난 시간 복습

잠깐! 다시 떠올려 볼까요?

❶ 비교급 표현

- ✔ 더 큰 → más grande
- ✔ 이 컵보다 더 큰 → más grande que este vaso
- ✔ 덜 큰 → menos grande
- ✔ 이 컵보다 덜 큰 → menos grande que este vaso
- ✔ 더 친절한 → más amable
- ✔ 덜 친절한 → menos amable

❷ 지난 강의 주요 표현

✔ Yessi가 김태희보다 더 예쁘다.
→ Yessi es más guapa que 김태희.

✔ Yessi가 김태희보다 더 키가 크다.
→ Yessi es más alta que 김태희.

✔ 이 자동차가 이 집보다 덜 크다.
→ Este coche es menos grande que esta casa.

✔ 이 자동차가 이 상점보다 덜 크다.
→ Este coche es menos grande que esta tienda.

오늘도 하나씩 쌓아 가기!

오늘의 표현과 단어를 하나씩 쌓고, 밑줄 포인트를 익혀 봅시다.

❶ 오늘의 표현

✔ 실례합니다! ➡ ¡Disculpe!

Ej 종업원을 부를 때: 실례합니다! 물 좀 주시겠어요?
¡Disculpe! ¿Me da agua, por favor?

Ej 모르는 사람을 부를 때: 실례합니다!
¡Disculpe!(물론 '¡Perdón!'을 써도 됩니다)

❷ 오늘의 단어

✔ 목요일 / 목요일에 ➡ el jueves

TIP 목요일에 보자! → ¡Hasta el jueves!

✔ 저기 ➡ allí
✔ 화장실 ➡ el baño
✔ 자동차 ➡ el coche
✔ 컵 ➡ el vaso
✔ 책 ➡ el libro
✔ 테이블 ➡ la mesa
✔ 커피 ➡ el café
✔ 박물관 ➡ el museo

❸ 오늘의 밑줄 긋기

◆ 스페인어로 '자동차'라는 단어는 'el coche'라고 흔히들 알고 계실 텐데요. 이외에도 'el auto', 'el carro' 등의 동의어가 있습니다. 잘 기억해 주세요!

STEP 2

오늘의 학습

오늘은 무엇을 배워 볼까요?

① 오늘의 핵심 포인트

이번 시간에는 '위치'를 나타내는 estar 동사의 또 다른 쓰임을 활용해 봅시다. 먼저, estar 동사의 현재시제 변화 형태를 다시 한번 복습하겠습니다.

estar ~이다, ~ 있다	
Yo	estoy
Tú	estás
Usted / Él / Ella	está
Nosotros/as	estamos
Vosotros/as	estáis
Ustedes / Ellos / Ellas	están

1탄에서는 '너, 엄마, Daniel' 등을 주어로 하여 사람의 위치를 물어보았습니다. 1탄에서 배웠던 문장들을 다시 한번 복습해 봅시다.

✔ 너는 어디에 있어? ➡ ¿Dónde estás?

✔ 나는 여기에 있어. ➡ Estoy aquí.

✔ 나는 집에 있어. ➡ Estoy en casa.

✔ 엄마는 어디에 있어? ➡ ¿Dónde está mamá?

✔ 엄마는 집에 있어. ➡ Mamá está en casa.

② 사물의 위치 물어보기

이제 사물의 위치를 물어봅시다. 주어 자리에 '나, 엄마, Daniel' 대신에 '컵, 책, 창문' 등 명사를 넣으면 쉽게 말할 수 있습니다.

- ✔ **컵** 어디 있어? → ¿Dónde está **el vaso**?
- ✔ **카페** 어디 있어? → ¿Dónde está **el café**?
- ✔ **박물관** 어디 있어? → ¿Dónde está **el museo**?
- ✔ **책** 어디 있어? → ¿Dónde está **el libro**?
- ✔ **창문** 어디 있어? → ¿Dónde está **la ventana**?
- ✔ **고양이** 어디 있어? → ¿Dónde está **el gato**?

③ 다양한 위치 표현

'¿Dónde está el vaso?'로 물어봤을 때 어떻게 대답할 수 있을까요? '~ 위에, ~ 아래에, ~ 앞에, ~ 뒤에'와 같은 위치 표현을 배워 봅시다.

- ✔ ~ 위에 → encima de ~
- ✔ ~ 아래에 → debajo de ~
- ✔ ~ 앞에 → delante de ~
- ✔ ~ 뒤에 → detrás de ~

TIP de ~로부터, ~ 출신의, ~의

[encima de ~ = ~의 위에]

- ✔ 테이블 위에 → encima de la mesa
- ✔ 창문 위에 → encima de la ventana

[debajo de ~ = ~의 아래에]

✔ 테이블 아래에 → debajo de la mesa

✔ 창문 아래에 → debajo de la ventana

[delante de ~ = ~의 앞에]

✔ 테이블 앞에 → delante de la mesa

✔ 집 앞에 → delante de la casa

[detrás de ~ = ~의 뒤에]

✔ 테이블 뒤에 → detrás de la mesa

✔ 집 뒤에 → detrás de la casa

여기서 잠깐!

만일 '책 **위에**'라는 말을 하고 싶을 때, 배운 대로라면 '**encima de el libro**'라고 써야 하겠지만, 스페인어에서는 'de el(남성 정관사)'을 합쳐서 '**del**'의 형태로 사용합니다.

TIP de + el(남성 정관사) = del

✔ 책 위에 → encima **del** libro

✔ 책 아래에 → debajo **del** libro

✔ 책 앞에 → delante **del** libro

✔ 책 뒤에 → detrás **del** libro

✔ 자동차 위에 → encima **del** coche

✔ 자동차 아래에 → debajo **del** coche

✔ 자동차 앞에 → delante **del** coche

✔ 자동차 뒤에 → detrás **del** coche

④ 문장 말하기

✔ 컵은 어디에 있어? → ¿Dónde está el vaso?
✔ 컵은 테이블 위에 있어. → El vaso está encima de la mesa.
✔ 컵은 테이블 아래에 있어. → El vaso está debajo de la mesa.

✔ 책은 어디에 있어? → ¿Dónde está el libro?
✔ 책은 테이블 앞에 있어. → El libro está delante de la mesa.
✔ 책은 테이블 뒤에 있어. → El libro está detrás de la mesa.

물어보는 대상(주어)는 대답할 때 생략할 수 있습니다.

✔ 커피는 어디에 있어? → ¿Dónde está el café?
✔ 책 위에 있어. → Está encima del libro.
✔ 책 아래에 있어. → Está debajo del libro.

✔ 커피는 어디에 있어? → ¿Dónde está el café?
✔ 책 앞에 있어. → Está delante del libro.
✔ 책 뒤에 있어. → Está detrás del libro.

✔ 화장실은 어디에 있어? → ¿Dónde está el baño?
✔ 자동차 뒤에 있어. → Está detrás del coche.
✔ 저기 있어. → Está allí.

따라 써 보기 | 한국어 해석을 보면서 스페인어를 써 보세요.

A 컵은 어디에 있어? ¿Dónde está el vaso?

컵은 테이블 위에 있어. El vaso está encima de la mesa. B

A 커피는 어디에 있어? ¿Dónde está el café?

책 위에 있어. Está encima del libro. B

A 창문 어디 있어? ¿Dónde está la ventana?

책 뒤에 있어. Está detrás del libro. B

A 화장실은 어디에 있어? ¿Dónde está el baño?

자동차 뒤에 있어. Está detrás del coche. B

STEP 3 연습 문제

오늘 배운 내용을 완전히 내 것으로 만들어 봐요!

❶ 다음 표현을 보고 알맞은 스페인어를 적어 봅시다.

a. ~ 위에 : ____________

b. ~ 뒤에 : ____________

c. ~ 앞에 : ____________

d. ~ 아래에 : ____________

❷ 나열된 단어를 순서대로 배열하여 문장을 만들어 봅시다.

a. 컵은 책 앞에 있어.
(el / delante / vaso / del / está / libro)

➡ ____________________________

b. 책은 어디에 있어?
(dónde / el / libro / está)

➡ ____________________________

c. 상점은 카페 뒤에 있어.
(café / la / está / tienda / del / detrás)

➡ ____________________________

d. 그 고양이는 테이블 아래에 있어.
(el / debajo / de / está / la / gato / mesa)

➡ ____________________________

❸ 오늘 배운 표현들을 직접 작문해 봅시다.

a. 박물관은 어디에 있어?

➡ ____________________

b. 자동차 뒤에 있어.

➡ ____________________

c. 나는 박물관 앞에 있어.

➡ ____________________

❹ 제시된 단어를 이용해 직접 작문해 봅시다.

tienda f. 상점 | **coche** m. 자동차 |
mesa f. 테이블 | **café** m. 커피, 카페 | **libro** m. 책

a. 상점은 어디에 있어요? ➡ ____________________

b. 자동차는 카페 앞에 있다. ➡ ____________________

c. 그 남자애는 테이블 아래에 있다. ➡ ____________________

d. 커피는 책 위에 있어. ➡ ____________________

오늘 꼭 기억해 두어야 할 문장! 완전히 내 것으로 만들어 봐요.

❶ **¿Dónde está el museo?**

❷ **Está detrás del coche.**

❸ **Estoy delante del museo.**

정답

1 **a.** encima de / **b.** detrás de / **c.** delante de / **d.** debajo de

2 **a.** El vaso está delante del libro. / **b.** ¿Dónde está el libro? / **c.** La tienda está detrás del café. / **d.** El gato está debajo de la mesa.

3 **a.** ¿Dónde está el museo? / **b.** Está detrás del coche. / **c.** Estoy delante del museo.

4 **a.** ¿Dónde está la tienda? / **b.** El coche está delante del café. / **c.** El chico está debajo de la mesa. / **d.** El café está encima del libro.

¿Sabes dónde está el baño?

화장실 어디에 있는지 알아?

저번 시간에 학습했던 '화장실 어디에 있어? → ¿Dónde está el baño?' 질문을 조금 더 길게 말해 봅시다. '화장실 어디에 있는지 알아?'라는 문장은 어떻게 만들까요? saber 동사만 알면 해결됩니다!

viernes m. 금요일 | **rico/a** 맛있는 | **saber** 알다 | **mi** 나의 | **tu** 너의 | **tequila** m. 떼낄라

STEP 1 지난 시간 복습

잠깐! 다시 떠올려 볼까요?

❶ 다양한 위치 표현

지난 시간에는 '화장실은 어디에 있어?'와 같이 사물의 위치를 물어보고, 대답으로 나올 수 있는 다양한 위치 표현을 학습하였습니다. 복습해 보겠습니다.

	mesa 테이블	libro 책
~ 위에	encima de la mesa	encima del libro
~ 아래에	debajo de la mesa	debajo del libro
~ 앞에	delante de la mesa	delante del libro
~ 뒤에	detrás de la mesa	detrás del libro

❷ 지난 강의 주요 표현

✔ 실례합니다! 화장실은 어디에 있어요?
→ ¡Disculpe! ¿dónde está el baño?

✔ 자동차 뒤에 있어요. → Está detrás del coche.

✔ 상점 뒤에 있어요. → Está detrás de la tienda.

✔ 저기 있어요. → Está allí.

오늘도 하나씩 쌓아 가기!

오늘의 표현과 단어를 하나씩 쌓고, 밑줄 포인트를 익혀 봅시다.

❶ 오늘의 표현

✔ 뭐가 맛있어요? → ¿Qué es rico?

TIP 맛있는 → rico/a

❷ 오늘의 단어

✔ 금요일 / 금요일에 ➡ el viernes

TIP 금요일에 보자! → ¡Hasta el viernes!

✔ 알다 ➡ saber

✔ 나의 ➡ mi

✔ 너의 ➡ tu

❸ 오늘의 밑줄 긋기

◆ '알다'라는 뜻의 saber 동사는 '맛이 나다'라는 뜻도 가진 동사입니다. 전치사 'a'와 함께 쓰여 '~ 맛이 난다'라는 표현을 쓸 때 saber 동사를 사용할 수 있습니다.

Ej Esto sabe a café. 이것은 커피 맛이 난다.
Esto sabe a tequila. 이것은 떼낄라 맛이 난다.
Esto sabe a paella. 이것은 빠에야 맛이 난다.

STEP 2

오늘의 학습

오늘은 무엇을 배워 볼까요?

① 오늘의 핵심 포인트

이번 시간에는 '화장실 어디에 있어?'를 '화장실 어디에 있는지 알아?'로 말해 봅시다. 이 때 필요한 동사는 'saber 알다' 동사입니다. saber 동사는 현재시제일 때 1인칭 단수형이 불규칙인 동사입니다. 변화 형태를 잘 확인해 주세요.

saber (지식·정보 등을) 알다	
Yo	**sé**
Tú	sabes
Usted / Él / Ella	sabe
Nosotros/as	sabemos
Vosotros/as	sabéis
Ustedes / Ellos / Ellas	saben

② saber 동사 + dónde está el baño

saber 동사를 활용하여 의문문을 만들어 봅시다. 원리는 매우 간단합니다. '¿Dónde está el baño?' 앞에 saber 동사만 활용하면 됩니다.

- ✔ (너에게 물어볼 때) 알아? ➡ ¿Sabes?
- ✔ (당신에게 물어볼 때) 아세요? ➡ ¿Usted sabe?

- ✔ 책 어디에 있는지 알아? ➡ ¿Sabes dónde está el libro?
- ✔ 컵 어디에 있는지 알아? ➡ ¿Sabes dónde está el vaso?
- ✔ 상점 어디에 있는지 알아? ➡ ¿Sabes dónde está la tienda?

✔ 화장실 어디 있는지 **알아**? ➡ ¿**Sabes** dónde está el baño?

✔ 화장실 어디 있는지 **아세요**? ➡ ¿**Usted sabe** dónde está el baño?

✔ 자동차 뒤에 있어요. ➡ Está detrás del coche.

✔ 저기 있어요. ➡ Está allí.

✔ 모르겠어요. ➡ **No sé**.

✔ 화장실이 어디에 있는지 **모르겠어요**. ➡ **No sé** dónde está el baño.

✔ 박물관 어디에 있는지 **알아**? ➡ ¿**Sabes** dónde está el museo?

✔ 박물관 어디에 있는지 **아세요**? ➡ ¿**Usted sabe** dónde está el museo?

✔ 자동차 앞에 있어요. ➡ Está delante del coche.

✔ 박물관이 어디에 있는지 모르겠어요. ➡ **No sé** dónde está el museo.

③ 소유 형용사

[나의 ~, 내 ~ = mi]

'나의 ~, 내 ~'와 같이 소유를 나타내고 싶을 때 정관사 자리에 'mi'를 넣어 주시면 됩니다.

✔ 내 책 ➡ mi libro

✔ 내 고양이 ➡ mi gato

✔ 내 컵 ➡ mi vaso

✔ 내 자동차 → mi coche

✔ 내 집 → mi casa

✔ 내 창문 → mi ventana

✔ 책 어디에 있어? → ¿Dónde está el libro?

✔ **내 책** 어디에 있어? → ¿Dónde está **mi libro**?

✔ **내 책들** 어디에 있어? → ¿Dónde están **mis libros**?

TIP 1. 'mi'는 성에 따른 변화가 없습니다.
2. '내 책들'과 같이 복수일 때에는 'mis libros'라고 합니다.

[너의 ~, 네 ~ = tu]

'너의 ~, 네 ~'라는 소유를 나타내고 싶을 때 정관사 자리에 'tu'를 넣어 주시면 됩니다.

✔ 네 책 → tu libro

✔ 네 고양이 → tu gato

✔ 네 컵 → tu vaso

✔ 네 자동차 → tu coche

✔ 네 집 → tu casa

✔ 네 창문 → tu ventana

✔ 네 책들 → tus libros

✔ 네 고양이들 → tus gatos

✔ 네 집들 → tus casas

TIP 1. '너의, 네'의 뜻을 가진 소유 형용사 'tu'에는 강세 부호가 없습니다.
2. 'tu'도 성에 따른 변화가 없습니다.

✔ **네 책은** 테이블 위에 있어 → **Tu libro** está encima de la mesa.

④ 'mi'와 'tu'의 활용

- ✔ 내 책 어디에 있는지 알아? ➡ ¿Sabes dónde está mi libro?
- ✔ 내 책 어디에 있는지 아세요? ➡ ¿Usted sabe dónde está mi libro?
- ✔ 네 책이 어디에 있는지 몰라. ➡ No sé dónde está tu libro.

- ✔ 내 차 어디에 있는지 알아? ➡ ¿Sabes dónde está mi coche?
- ✔ 내 차 어디에 있는지 아세요? ➡ ¿Usted sabe dónde está mi coche?
- ✔ 박물관 앞에 있어. ➡ Está delante del museo.
- ✔ 어디에 있는지 모르겠어. ➡ No sé dónde está.
- ✔ 네 차가 어디 있는지 모르겠어. ➡ No sé dónde está tu coche.

⑤ saber 동사 + cómo + 동사 원형 = 어떻게 ~하는지 알다

saber 동사의 또 다른 쓰임을 학습해 봅시다. 1탄에서 배웠던 의문사 'cómo 어떻게'와 saber 동사를 활용하면 '어떻게 스페인어를 공부하는지 알아?'와 같은 표현을 만들 수 있습니다. 순서는 [saber 동사 + cómo + 동사 원형 = 어떻게 ~하는지 알다]입니다.

[cómo + 동사 원형 = 어떻게 ~하는지]

- ✔ 어떻게 공부하는지 ➡ cómo estudiar
- ✔ 어떻게 마시는지 ➡ cómo tomar
- ✔ 어떻게 먹는지 ➡ cómo comer
- ✔ 어떻게 여행하는지 ➡ cómo viajar
- ✔ 어떻게 가는지 ➡ cómo ir

[saber 동사 + cómo 동사 원형 = 어떻게 ~하는지 알다]

✔ 어떻게 공부하는지 알아? → ¿Sabes cómo estudiar?

✔ 어떻게 스페인어를 공부하는지 알아? → ¿Sabes cómo estudiar español?

✔ 어떻게 떼낄라를 마시는지 알아? → ¿Sabes cómo tomar tequila?

✔ 어떻게 시원스쿨에 가는지 알아? → ¿Sabes cómo ir a 시원스쿨?

✔ 어떻게 스페인어를 공부하는지 몰라. → No sé cómo estudiar español.

✔ 어떻게 떼낄라를 마시는지 몰라. → No sé cómo tomar tequila.

✔ 어떻게 시원스쿨에 가는지 몰라. → No sé cómo ir a 시원스쿨.

따라 써 보기 | 한국어 해석을 보면서 스페인어를 써 보세요.

1. 박물관 어디에 있는지 아세요?

   ¿Usted sabe dónde está el museo?

2. 박물관이 어디에 있는지 모르겠어요.

   No sé dónde está el museo.

3. 내 차 어디에 있는지 아세요?

   ¿Usted sabe dónde está mi coche?

4. 네 차가 어디 있는지 모르겠어.

   No sé dónde está tu coche.

5. 어떻게 스페인어를 공부하는지 몰라.

   No sé cómo estudiar español.

STEP 3

연습 문제

오늘 배운 내용을 완전히 내 것으로 만들어 봐요!

❶ 인칭대명사에 따라 빈칸에 알맞은 saber 동사 변화를 적어 봅시다.

	saber
a. Yo	
b. Tú	
c. Usted / Él / Ella	
d. Nosotros/as	
e. Vosotros/as	
f. Ustedes / Ellos / Ellas	

❷ 빈칸에 알맞은 saber 동사 변화를 적어 봅시다.

a. 그는 책이 어디 있는지 안다.

Él ______ dónde está el libro.

b. 너 내 고양이 어디 있는지 알아?

¿Tú ______ dónde está mi gato?

c. 나는 어떻게 가는지 모른다.

Yo no ______ cómo ir.

d. 그 여자애들은 어떻게 스페인어를 공부하는지 안다.

Las chicas ______ cómo estudiar español.

❸ 오늘 배운 표현들을 직접 작문해 봅시다.

a. 내 차 어디에 있는지 알아?

➡ ______________________________

b. 내 차 어디에 있는지 아세요?

➡ ______________________________

c. 네 차 박물관 앞에 있어.

➡ ______________________

d. 네 차 어디에 있는지 몰라.

➡ ______________________

e. 어떻게 스페인어 공부하는지 알아?

➡ ______________________

④ 제시된 단어를 이용해 직접 작문해 봅시다.

italiano m. 이탈리아어 | **gato** m. 고양이 |
tienda f. 상점 | **libro** m. 책

a. 그녀는 이탈리아어를 어떻게 말하는지 알아. ➡ ______________________

b. 너 내 고양이 어디에 있는지 알아? ➡ ______________________

c. 그녀는 어떻게 상점에 가는지 모른다. ➡ ______________________

d. Juan이 네 책 어디에 있는지 알아. ➡ ______________________

오늘 꼭 기억해 두어야 할 문장! 완전히 내 것으로 만들어 봐요.

① **¿Sabes dónde está mi coche?**

② **¿Usted sabe dónde está mi coche?**

③ **(Tu coche) está delante del museo.**

④ **No sé dónde está tu coche.**

⑤ **¿Sabes cómo estudiar español?**

정답

1 **a.** sé / **b.** sabes / **c.** sabe / **d.** sabemos / **e.** sabéis / **f.** saben

2 **a.** sabe / **b.** sabes / **c.** sé / **d.** saben

3 **a.** ¿Sabes dónde está mi coche? / **b.** ¿Usted sabe dónde está mi coche? / **c.** Tu coche está delante del museo. / **d.** No sé dónde está tu coche. / **e.** ¿Sabes cómo estudiar español?

4 **a.** Ella sabe cómo hablar italiano. / **b.** ¿Sabes dónde está mi gato? / **c.** Ella no sabe cómo ir a la tienda. / **d.** Juan sabe dónde está tu libro.

Yessi es la más guapa de aquí.

Yessi가 여기에서 제일 예뻐.

이번 시간에는 1~5강에서 배웠던 내용을 다시 한번 더 복습하고 'Yessi가 여기에서 제일 예뻐'와 같은 최상급 표현을 함께 배워 봅시다.

amable 친절한 | **carne de res** f. 소고기 | **carne de cerdo** f. 돼지고기 | **sábado** m. 토요일 | **metro** m. 지하철

STEP 1

지난 시간 복습

잠깐! 다시 떠올려 볼까요?

❶ saber 동사의 활용

지난 시간에는 saber 동사의 형태와 쓰임에 대해서 학습하였습니다. saber 동사의 현재시제 변화 형태를 먼저 복습해 봅시다.

saber (지식·정보 등을) 알다	
Yo	**sé**
Tú	sabes
Usted / Él / Ella	sabe
Nosotros/as	sabemos
Vosotros/as	sabéis
Ustedes / Ellos / Ellas	saben

[saber 동사의 쓰임]

지난 시간에 학습한 saber 동사의 두 가지 활용을 복습하고, '~할 줄 알다'의 의미로 사용되는 또 다른 쓰임도 배워 봅시다.

a. saber 동사 + dónde está el baño = 화장실이 어디에 있는지 알다

✔ 화장실 어디에 있는지 알아? ➡ ¿Sabes dónde está el baño?

b. saber동사 + cómo + 동사 원형 = 어떻게 ~하는지 알다

✔ 어떻게 스페인어를 공부하는지 알아? ➡ ¿Sabes cómo estudiar español?

c. **saber 동사 + 동사 원형 = ~할 줄 알다**

✔ 너는 스페인어를 말할 줄 알아? → ¿Sabes hablar español?

✔ 응, 나는 스페인어를 말할 줄 알아. → Sí, sé hablar español.

✔ 아니, 나는 스페인어를 말할 줄 몰라. → No, no sé hablar español.

위의 답변 말고도 1탄에서 배웠던 'hablar 말하다' 동사를 활용하여 대답하셔도 좋습니다.

✔ 응, 나는 스페인어를 말해. → Sí, hablo español.

✔ 아니, 나는 스페인어를 말하지 못해. → No, no hablo español.

❷ 지난 강의 주요 표현

✔ 지하철 어디에 있는지 알아? → ¿Sabes dónde está el metro?

✔ 지하철 어디에 있는지 아세요? → ¿Usted sabe dónde está el metro?

✔ 박물관 앞에 있어요. → Está delante del museo.

✔ 모르겠어요. → No sé.

✔ 어디에 있는지 모르겠어요. → No sé dónde está.

✔ 지하철 어디에 있는지 모르겠어요 → No sé dónde está el metro.

✔ 어떻게 떼낄라 마시는지 알아? → ¿Sabes cómo tomar tequila?

✔ 어떻게 스페인을 여행하는지 알아? → ¿Sabes cómo viajar por España?

✔ 어떻게 바르셀로나에 가는지 알아? → ¿Sabes cómo ir a Barcelona?

오늘도 하나씩 쌓아 가기!

오늘의 표현과 단어를 하나씩 쌓고, 밑줄 포인트를 익혀 봅시다.

① 오늘의 표현

✔ 소고기 ➡ la carne de res

✔ 돼지고기 ➡ la carne de cerdo

TIP 소고기를 'la carne de vaca'라고 하기도 합니다.

✔ 나는 돼지고기를 안 먹는다. ➡ No como carne de cerdo.

② 오늘의 단어

✔ 토요일 / 토요일에 ➡ el sábado

TIP 토요일에 보자! → ¡Hasta el sábado!

✔ 지하철 ➡ el metro

③ 오늘의 밑줄 긋기

◆ 남미에서 가장 먼저 지하철이 생긴 도시가 어디인지 아시나요? 바로 아르헨티나의 수도 부에노스아이레스입니다. 흥미롭게도 부에노스아이레스에서는 지하철을 '엘 메뜨로(el metro)'가 아닌 '엘 숩떼(el subte)'라고 부른다는 점, 기억해 주세요!

STEP 2

오늘의 학습

오늘은 무엇을 배워 볼까요?

❶ 단어 복습

지금까지 배운 단어들을 복습해 봅시다.

남자애 → el chico	작은 → pequeño/a
여자애 → la chica	큰 → grande
컵 → el vaso	키 큰 → alto/a
테이블 → la mesa	키 작은 → bajo/a
카페 → el café	열린 → abierto/a
집 → la casa	닫힌 → cerrado/a
고양이 → el gato	
창문 → la ventana	
박물관 → el museo	
상점 → la tienda	
자동차 → el coche	
화장실 → el baño	
지하철 → el metro	
책 → el libro	

② ser 동사로 사물의 상태 설명하기

1강에서 ser 동사를 사용해서 사물이 원래 가지고 있는 속성, 특징을 표현하는 방법을 학습했습니다.

- ✔ 자동차는 크다. → El coche es grande.
- ✔ 자동차들은 크다. → Los coches son grandes.
- ✔ 이 자동차는 크다. → Este coche es grande.
- ✔ 이 자동차들은 크다. → Estos coches son grandes.

- ✔ 집은 작다. → La casa es pequeña.
- ✔ 집들은 작다. → Las casas son pequeñas.
- ✔ 이 집은 작다. → Esta casa es pequeña.
- ✔ 이 집들은 작다. → Estas casas son pequeñas.

③ estar 동사로 사물의 상태 설명하기

2강에서는 estar 동사를 사용해서 사물의 상태를 표현하였습니다.

- ✔ 카페는 열려 있다. → El café está abierto.
- ✔ 카페들은 열려 있다. → Los cafés están abiertos.
- ✔ 이 카페는 열려 있다. → Este café está abierto.
- ✔ 이 카페들은 열려 있다. → Estos cafés están abiertos.

- ✔ 상점은 닫혀 있다. → La tienda está cerrada.
- ✔ 상점들은 닫혀 있다. → Las tiendas están cerradas.
- ✔ 이 상점은 닫혀 있다. → Esta tienda está cerrada.
- ✔ 이 상점들은 닫혀 있다. → Estas tiendas están cerradas.

④ 비교급 표현

3강에서는 'más'와 'menos'를 활용한 비교급 표현을 배웠습니다. 또한 'que'를 활용하여 비교 대상을 추가해 줌으로써 '~보다 더 ~하다' 혹은 '~보다 덜 ~하다'라는 문장도 연습하였습니다.

- ✔ Daniel은 더 잘생겼다. → Daniel es más guapo.
- ✔ Daniel은 덜 잘생겼다. → Daniel es menos guapo.

- ✔ Daniel은 이 남자애보다 덜 잘생겼다. → Daniel es menos guapo que este chico.
- ✔ Daniel은 이 남자애보다 더 키가 크다. → Daniel es más alto que este chico.
- ✔ Daniel은 이 남자애보다 덜 친절하다. → Daniel es menos amable que este chico.

⑤ 위치 표현

4강에서는 estar 동사를 활용하여 사물의 위치를 묻고, 사물의 위치를 나타내는 표현을 배웠습니다.

테이블 위에 책 위에	encima de la mesa encima del libro
테이블 아래에 책 아래에	debajo de la mesa debajo del libro
테이블 앞에 책 앞에	delante de la mesa delante del libro
테이블 뒤에 책 뒤에	detrás de la mesa detrás del libro

- ✔ 커피 어디 있어? → ¿Dónde está el café?
- ✔ 책 앞에 있어. → Está delante del libro.
- ✔ 책 위에 있어. → Está encima del libro.

⑥ saber 동사의 활용

5강에서는 'saber 알다' 동사의 형태 및 다양한 활용 방법을 학습하였습니다.

saber (지식·정보 등을) 알다	
Yo	**sé**
Tú	sabes
Usted / Él / Ella	sabe
Nosotros/as	sabemos
Vosotros/as	sabéis
Ustedes / Ellos / Ellas	saben

[saber 동사 + dónde está el baño]

✔ 화장실 어디에 있는지 아세요? → ¿Usted sabe dónde está el baño?

✔ 화장실 어디에 있는지 알아? → ¿Sabes dónde está el baño?

✔ 자동차 뒤에 있어. → Está detrás del coche.

✔ 몰라. → No sé.

✔ 화장실 어디에 있는지 몰라. → No sé dónde está el baño.

[saber 동사 + cómo + 동사 원형]

✔ 어떻게 스페인어를 공부하는지 알아? → ¿Sabes cómo estudiar español?

✔ 어떻게 스페인을 여행하는지 알아? → ¿Sabes cómo viajar por España?

[saber 동사 + 동사 원형]

✔ 스페인어를 말할 줄 알아? → ¿Sabes hablar español?

✔ 응, 스페인어를 말할 줄 알아. → Sí, sé hablar español.

✔ 아니, 스페인어를 말할 줄 몰라. → No, no sé hablar español.

⑦ 최상급 표현

'더 잘생긴'은 'más guapo'입니다. 그렇다면 '가장 잘생긴'은 어떻게 말할까요? 최상급 표현을 말할 때에는 2탄 준비 강의에서 배웠던 정관사를 활용합니다.

✔ 가장 잘생긴(단수) ➡ **el** más guapo

✔ 가장 잘생긴(복수) ➡ **los** más guapos

✔ 가장 예쁜(단수) ➡ **la** más guapa

✔ 가장 예쁜(복수) ➡ **las** más guapas

✔ Adrián이 가장 잘생겼다. ➡ Adrián es **el más guapo**.

✔ Adrián이 가장 키가 크다. ➡ Adrián es **el más alto**.

✔ Adrián이 가장 친절하다. ➡ Adrián es **el más amable**.

✔ Alicia가 가장 예쁘다. ➡ Alicia es **la más guapa**.

✔ Alicia가 가장 키다 크다. ➡ Alicia es **la más alta**.

✔ Alicia가 가장 친절하다. ➡ Alicia es **la más amable**.

이번에는 'Yessi는 여기에서 가장 예쁘다'와 같이 범위를 지정해 보겠습니다. 최상급을 표현할 때 '~에서'를 만들려면 'de ~'를 활용하면 됩니다.

✔ Adrián이 가장 잘생겼다 / **여기에서** ➡ Adrián es el más guapo **de aquí**.

✔ Ana가 가장 예쁘다 / **여기에서** ➡ Ana es la más guapa **de aquí**.

'bueno/a 좋은, malo/a 나쁜'을 활용하여 '가장 좋은(최고), 가장 나쁜(최악)'을 말할 때에는 아래와 같이 말합니다.

- ✔ 가장 좋은(남성 단수) ➡ el mejor
- ✔ 가장 좋은(남성 복수) ➡ los mejores
- ✔ 가장 좋은(여성 단수) ➡ la mejor
- ✔ 가장 좋은(여성 복수) ➡ las mejores

- ✔ 가장 나쁜(남성 단수) ➡ el peor
- ✔ 가장 나쁜(남성 복수) ➡ los peores
- ✔ 가장 나쁜(여성 단수) ➡ la peor
- ✔ 가장 나쁜(여성 복수) ➡ las peores

따라 써 보기 | 한국어 해석을 보면서 스페인어를 써 보세요.

1. 이 자동차는 크다.

   Este coche es grande.

2. Daniel은 이 남자애보다 더 키가 크다.

   Daniel es más alto que este chico.

3. Alicia가 가장 친절하다.

   Alicia es la más amable.

4. Ana가 여기에서 가장 예쁘다.

   Ana es la más guapa de aquí.

STEP 3

연습 문제

오늘 배운 내용을 완전히 내 것으로 만들어 봐요!

❶ 다음 예문을 보고 알맞은 정관사를 적어 봅시다.

a. 가장 예쁜 ______ más guapa.

b. 가장 맛있는 ______ más rico.

c. 가장 키가 큰 ______ más alta.

d. 가장 좋은(남성 복수) ______ mejores.

e. 가장 나쁜(여성 단수) ______ peor.

❷ 나열된 단어를 순서대로 배열하여 문장을 만들어 봅시다.

a. 이 자동차들은 책보다 더 크다.
(estos / coches / libro / el / son / más / grandes / que)

➡ ______________________________

b. Alicia는 가장 키가 크다.
(es / Alicia / más / alta / la)

➡ ______________________________

c. 이 남자애는 여기에서 가장 활발하다.
(de / aquí / es / este / el / más / chico / activo)

➡ ______________________________

d. 이 상점은 최고다.
(mejor / la / tienda / esta / es)

➡ ______________________________

❸ 오늘 배운 표현들을 직접 작문해 봅시다.

a. 커피 어디에 있어?

➡ ______________________________

b. 책 앞에 있어.

➡ ______________________________

c. 어떻게 스페인어를 공부하는지 알아?

➡ ______________________________

d. (주어가 남성일 때) 우리들은 최고다.

➡ ______________________________

❹ 제시된 단어를 이용해 직접 작문해 봅시다.

bonito/a 예쁜 | **mejor** 가장 좋은 | **pequeño/a** 작은 | **barato/a** 싼

a. Alicia는 Victoria보다 더 예쁘다. ➡ ______________

b. 이 책은 가장 좋은 책이다. ➡ ______________

c. 테이블은 그 집보다 더 작다. ➡ ______________

d. 이 자동차가 여기서 가장 싸다. ➡ ______________

오늘 꼭 기억해 두어야 할 문장! 완전히 내 것으로 만들어 봐요.

❶ **¿Dónde está el café?**

❷ **Está delante del libro.**

❸ **¿Sabes hablar español?**

❹ **Somos los mejores.**

정답

1 **a.** la / **b.** el / **c.** la / **d.** los / **e.** la

2 **a.** Estos coches son más grandes que el libro. / **b.** Alicia es la más alta. / **c.** Este chico es el más activo de aquí. / **d.** Esta tienda es la mejor.

3 **a.** ¿Dónde está el café? / **b.** Está delante del libro. / **c.** ¿Sabes cómo estudiar español? / **d.** Somos los mejores.

4 **a.** Alicia es más bonita que Victoria. / **b.** Este libro es el mejor. / **c.** La mesa es más pequeña que la casa. / **d.** Este coche es el más barato de aquí.

PARTE 2

주요 문장 한번 더 짚고 가기!

❶ ¿Dónde está el museo?

❷ Está detrás del coche.

❸ Estoy delante del museo.

❹ ¿Sabes dónde está mi coche?

❺ ¿Usted sabe dónde está mi coche?

❻ (Tu coche) está delante del museo.

❼ No sé dónde está tu coche.

❽ ¿Sabes cómo estudiar español?

❾ ¿Dónde está el café?

❿ ¿Sabes hablar español?

⓫ Somos los mejores.

스페인어를 사용하는 중남미 국가 2탄, 볼리비아(Bolivia)

▲ 우유니 소금 사막(Salar de Uyuni)

위치 | 남아메리카 대륙 중부

시차 | 13시간 느림(한국 기준)

화폐 | 볼리비아노(Boliviano)

인구 | 1,233만 명

수도 | 라파스(La Paz, 행정 수도), 수크레(Sucre, 헌법상 수도)

주요도시 | 산타크루스(Santa Cruz), 포토시(Potosi)

특징 | 볼리비아를 여행한다면 꼭 들르는 곳! 바로 우유니 소금 사막입니다. 스페인어로 '살라르 데 우유니(Salar de Uyuni)'라 불리는 이 곳은 총 넓이 10,582㎢이며, 소금 매장량은 최소 100억 톤으로 추산된다고 해요. 특히 우기인 1월과 3월 사이에는 사막에 물이 고여 사물이 비치는 신비한 착시 효과를 경험할 수 있습니다. 이 '거울 효과'로 인해 다른 곳에서는 찍을 수 없는 독특하고 재미있는 사진을 찍을 수 있다고 해요. 그래서 이 곳은 영화와 광고에 꽤 많이 등장한답니다. 뿐만 아니라 우유니 사막에서 보는 일몰과 일출, 그리고 쏟아지는 별들은 많은 사람들에게 감동을 선사합니다. 다만, 우유니 소금 사막은 해발 3,650m 이상에 위치하고 있기 때문에 고산병 등 건강에 유의해야 한다는 점, 잊지 마세요!

PARTE 03

나는 스페인어를 배우고 싶어.

핵심 학습

현재시제 불규칙 동사(1) - querer 동사

¡Hola!

Un, Una, Unos, Unas…

부정관사 학습하기

2탄 준비 강의에서 스페인어 명사 앞에 붙었던 '정관사' 기억나시죠? 이번 시간에는 또 다른 관사인 '부정관사'에 대해서 학습해 봅시다.

carne de pollo f. 닭고기 | **cerveza** f. 맥주 | **pescado** m. 생선 | **domingo** m. 일요일 | **apetecer** 탐내다 | **libro** m. 책 | **gracia** f. 은혜 | **gracias** f. 감사 | **dinero** m. 돈

STEP 1

지난 시간 복습

잠깐! 다시 떠올려 볼까요?

① 최상급 표현

지난 시간에 학습한 최상급 표현은 정관사를 활용합니다.

- ✔ 가장 활발한(남성 단수) ➡ **el** más activo
- ✔ 가장 활발한(남성 복수) ➡ **los** más activos

- ✔ 가장 활발한(여성 단수) ➡ **la** más activa
- ✔ 가장 활발한(여성 복수) ➡ **las** más activas

② 지난 강의 주요 표현

- ✔ Adrián이 가장 잘생겼다. ➡ Adrián es el más guapo.
- ✔ Adrián이 가장 키가 크다. ➡ Adrián es el más alto.

- ✔ Adrián이 여기에서 가장 잘생겼다. ➡ Adrián es el más guapo de aquí.
- ✔ Ana가 여기에서 가장 예쁘다. ➡ Ana es la más guapa de aquí.

오늘도 하나씩 쌓아 가기!

오늘도 표현과 단어를 하나씩 쌓고, 오늘의 단어와 밑줄 포인트를 익혀 봅시다.

① 오늘의 표현

- ✔ 닭고기 → la carne de pollo(pollo라고만 해도 됩니다)
- ✔ 맥주 → la cerveza
- ✔ 생선 → el pescado

- ✔ 나는 닭고기가 당긴다.(먹고 싶다.) → Me apetece comer pollo.

② 오늘의 단어

- ✔ 일요일 / 일요일에 → el domingo

TIP 일요일에 보자! → ¡Hasta el domingo!

- ✔ 은혜, 은총 → la gracia
- ✔ 감사 → las gracias
- ✔ 돈 → el dinero

③ 오늘의 밑줄 긋기

◆ '돈'이라는 뜻을 가진 스페인어 단어에는 'dinero'가 있지만, 남미 지역에서는 '은'을 뜻하는 'plata' 또한 '돈'이라는 의미로 사용됩니다. 이는 식민지 시절에 은이 화폐 역할을 했기 때문인데요. 오래된 과거가 현재 사용되는 단어에까지 영향을 미친다는 사실이 새삼 놀랍지 않나요?

STEP 2 오늘의 학습

오늘은 무엇을 배워 볼까요?

① 오늘의 핵심 포인트

2탄 준비강의에서는 정관사 'el', 'los', 'la', 'las'를 학습하였습니다. 이를 사용하여 '남자 의사, 그 남자 의사 → el médico / 남자 의사들, 그 남자의사들 → los médicos / 여자 의사, 그 여자 의사 → la médica / 여자 의사들, 그 여자 의사들 → las médicas'라고 해석하기로 약속했지요?
이번 시간에는 '부정관사'에 대해서 학습하겠습니다.

남자 의사 한 명 **un** médico	여자 의사 한 명 **una** médica	남자 가수 한 명 **un** cantante	여자 가수 한 명 **una** cantante
남자 의사 몇 명 **unos** médicos	여자 의사 몇 명 **unas** médicas	남자 가수 몇 명 **unos** cantantes	여자 가수 몇 명 **unas** cantantes

남자 변호사 한 명 **un** abogado	여자 변호사 한 명 **una** abogada	남자 작가 한 명 **un** autor	여자 작가 한 명 **una** autora
남자 변호사 몇 명 **unos** abogados	여자 변호사 몇 명 **unas** abogadas	남자 작가 몇 명 **unos** autores	여자 작가 몇 명 **unas** autoras

TIP 'un'은 '숫자 1 → uno'에서 'o'가 탈락된 형태입니다.

한국 남자 한 명 **un** coreano	한국 여자 한 명 **una** coreana	중국 남자 한 명 **un** chino	중국 여자 한 명 **una** china
한국 남자 몇 명 **unos** coreanos	한국 여자 몇 명 **unas** coreanas	중국 남자 몇 명 **unos** chinos	중국 여자 몇 명 **unas** chinas

스페인 남자 한 명 **un** español	스페인 여자 한 명 **una** española	남자애 한 명 **un** chico	여자애 한 명 **una** chica
스페인 남자 몇 명 **unos** españoles	스페인 여자 몇 명 **unas** españolas	남자애들 몇 명 **unos** chicos	여자애들 몇 명 **unas** chicas

② 부정관사 + 사물 관련 명사

자동차 한 대 **un** coche	집 한 채 **una** casa	책 한 권 **un** libro	창문 한 개 **una** ventana
자동차 몇 대 **unos** coches	집 몇 채 **unas** casas	책 몇 권 **unos** libros	창문 몇 개 **unas** ventanas

고양이 한 마리 **un** gato	테이블 한 개 **una** mesa	화장실 한 개 **un** baño	문 한 개 **una** puerta
고양이 몇 마리 **unos** gatos	테이블 몇 개 **unas** mesas	화장실 몇 개 **unos** baños	문 몇 개 **unas** puertas

③ 숫자 + 명사

이번에는 '자동차 2대'를 말해 봅시다. 'los coches 자동차들'에서 정관사 'los'를 빼고 숫자 'dos'를 넣으면 됩니다. 이 때 숫자는 명사의 성과 무관합니다.

- 테이블 8개 → ocho mesas
- 컵 3개 → tres vasos
- 자동차 4대 → cuatro coches
- 창문 10개 → diez ventanas
- 화장실 15개 → quince baños
- 박물관 2개 → dos museos

④ mucho/os/a/as + 명사 = 많은 ~

- 많은 자동차들 → muchos coches
- 많은 책들 → muchos libros
- 많은 컵들 → muchos vasos
- 많은 고양이들 → muchos gatos

✔ 많은 테이블들 → muchas mesas

✔ 많은 창문들 → muchas ventanas

✔ 많은 상점들 → muchas tiendas

✔ 많은 집들 → muchas casas

TIP 대단히 감사합니다. → Muchas gracias.

한편 '액체'나 '돈' 등 수를 헤아릴 수 없는 명사는 많은 양이라도 단수 취급합니다.

✔ 많은 돈 → mucho dinero

✔ 많은 물 → mucha agua

✔ 많은 맥주 → mucha cerveza

✔ 많은 커피 → mucho café

✔ 많은 차 → mucho té

TIP '돈(el dinero)'은 셀 수 없는 명사로 취급합니다.

따라 써 보기 | 한국어 해석을 보면서 스페인어를 써 보세요.

1. 한국인 남자 한 명

   un coreano

2. 남자애들 몇 명

   unos chicos

3. 창문 10개

   diez ventanas

4. 박물관 2개

   dos museos

5. 많은 돈

   mucho dinero

6. 많은 책

   muchos libros

7. 많은 테이블들

   muchas mesas

8. 많은 차

   mucho té

STEP 3

연습 문제

오늘 배운 내용을 완전히 내 것으로 만들어 봐요!

❶ 다음 명사에 알맞은 부정관사를 적고, 뜻을 적어 봅시다.

a. ______ casa : ______

b. ______ gatos : ______

c. ______ coches : ______

d. ______ cerveza : ______

e. ______ libro : ______

❷ 보기와 같이 틀린 부분을 찾아 올바른 표현으로 고쳐 봅시다.

보기

~~un médicos~~ → unos médicos

~~una coche~~ → un coche

a. muchos casas

➡ ______

b. mucha dinero

➡ ______

c. dos gato

➡ ______

d. un puerta

➡ ______

❸ 오늘 배운 표현들을 직접 작문해 봅시다.

a. 많은 테이블들

➡ ______

b. 많은 돈

➡ ______________________

c. 화장실 세 개

➡ ______________________

d. 창문 한 개

➡ ______________________

❹ 제시된 단어를 이용해 직접 작문해 봅시다.

bombero m. 소방관 | **oficinista** m.f. 회사원 | **pintor** m. 화가 | **abogada** f. 변호사 | **autora** f. 작가

a. 남자 소방관 한 명 ➡ ______________________

b. 회사원 다섯 명 ➡ ______________________

c. 남자 화가 한 명, 여자 변호사 한 명 ➡ ______________________

d. 여자 작가 세 명 ➡ ______________________

오늘 꼭 기억해 두어야 할 문장! 완전히 내 것으로 만들어 봐요.

❶ muchas mesas

❷ mucho dinero

❸ tres baños

❹ una ventana

정답

1 a. una - 집 한 채 / b. unos - 몇몇 고양이들 / c. unos - 몇몇 자동차들 / d. una - 맥주 한 잔 / e. un - 책 한 권

2 a. muchas casas / b. mucho dinero / c. dos gatos / d. una puerta

3 a. muchas mesas / b. mucho dinero / c. tres baños / d. una ventana

4 a. un bombero / b. cinco oficinistas / c. un pintor y una abogada / d. tres autoras

Quiero aprender español.

나는 스페인어를 배우고 싶습니다.

현재시제 불규칙 동사인 'querer 원하다' 동사를 활용하여 'Te quiero 나는 너를 좋아해'와 같은 표현을 배워 봅시다.

filete m. 스테이크 | **primavera** f. 봄 | **perro** m. 개 | **cerveza** f. 맥주 | **bailar** 춤추다 | **tango** m. 탱고 | **descansar** 휴식하다 | **un rato** 잠시 | **hacer** 하다 | **hoy** 오늘 | **futuro** m. 미래 | **ser cantante** 가수가 되다

STEP 1

지난 시간 복습

잠깐! 다시 떠올려 볼까요?

❶ 부정관사

지난 시간에는 부정관사를 학습하였습니다.

un	una
unos	unas

❷ 지난 강의 주요 표현

남자애 한 명 **un** chico	여자애 한 명 **una** chica
남자애들 몇 명 **unos** chicos	여자애들 몇 명 **unas** chicas

✔ 테이블 4개 → cuatro mesas

✔ 책 11권 → once libros

✔ 많은 돈 → mucho dinero

✔ 많은 자동차들 → muchos coches

✔ 많은 물 → mucha agua

✔ 많은 창문들 → muchas ventanas

오늘도 하나씩 쌓아 가기!

오늘도 표현과 단어를 하나씩 쌓고, 오늘의 단어와 밑줄 포인트를 익혀 봅시다.

❶ 오늘의 표현

✔ 닭고기 스테이크 → el filete de pollo

✔ 생선 스테이크 → el filete de pescado

TIP 가시와 뼈를 발라내고, 순살로 만든 스테이크를 'el filete'라고 합니다.

❷ 오늘의 단어

✔ 봄 ➡ la primavera

✔ 개 한 마리 ➡ un perro
✔ 커피 한 잔 ➡ un café
✔ 맥주 한 잔 ➡ una cerveza

✔ 춤추다 ➡ bailar
✔ 탱고를 추다 ➡ bailar tango
✔ 쉬다, 휴식을 취하다 ➡ descansar
✔ 잠깐, 잠시 ➡ un rato
✔ 하다 ➡ hacer
✔ 오늘 ➡ hoy
✔ 미래 ➡ el futuro
✔ 가수가 되다 ➡ ser cantante

TIP ser 동사는 '~이 되다'로 해석되기도 합니다.

❸ 오늘의 밑줄 긋기

◆ 아르헨티나 라 보카(La Boca) 지역에서 유래된 매력적인 춤 탱고! 스페인어로 '탱고를 추는 사람'을 가리켜 남자는 주로 'tanguero', 여자는 주로 'tanguera'라고 부른답니다.

STEP 2

오늘의 학습

오늘은 무엇을 배워 볼까요?

① 오늘의 핵심 포인트

'hablar', 'comer', 'vivir'와 같은 동사들을 동사 원형이라고 합니다. 1탄에서는 현재시제 규칙 동사에 대해서 학습하며 다양한 문장을 만들어 보았습니다. 2탄에서는 현재시제 불규칙 동사들을 배워 봅시다. 이번 시간에는 첫 번째로 'e → ie'로 변하는 불규칙 변화에 대해서 학습하겠습니다. 대표 동사로는 'querer 원하다'가 있습니다.

② querer 동사의 현재시제 불규칙 변화 형태

querer 원하다	
Yo	quiero
Tú	quieres
Usted / Él / Ella	quiere
Nosotros/as	queremos
Vosotros/as	queréis
Ustedes / Ellos / Ellas	quieren

TIP 모든 불규칙 동사는 nosotros / vosotros 인칭일 때 불규칙이 다시 규칙으로 돌아옵니다.

Ej queremos / queréis

③ querer 동사 + 명사 = ~을 원하다

✔ 나는 자동차 한 대를 원한다. → Quiero un coche.

✔ 나는 장미 한 송이를 원한다. → Quiero una rosa.

✔ 나는 집 한 채를 원한다. → Quiero una casa.

✔ 나는 커피 한 잔을 원한다. → Quiero un café.
✔ 너는 커피 한 잔을 원한다. → Quieres un café.
✔ 당신은 커피 한 잔을 원한다. → Usted quiere un café.

✔ 그는 커피 한 잔을 원한다. → Él quiere un café.
✔ 그녀는 커피 한 잔을 원한다. → Ella quiere un café.

TIP 일상 회화에서는 '커피 한 잔, 맥주 한 잔'을 표현할 때 '잔'이라는 단어를 생략하고 'un café', 'una cerveza'로 쓰는 경우가 많습니다.

✔ 우리들은 집 한 채를 원한다. → Queremos una casa.
✔ 너희들은 집 한 채를 원한다. → Queréis una casa.
✔ 당신들은 집 한 채를 원한다. → Ustedes quieren una casa.
✔ 그들은 집 한 채를 원한다. → Ellos quieren una casa.
✔ 그녀들은 집 한 채를 원한다. → Ellas quieren una casa.

✔ 커피 한 잔을 원하니? → ¿Quieres un café?
✔ 맥주 한 잔을 원하니? → ¿Quieres una cerveza?
✔ 개 한 마리를 원하니? → ¿Quieres un perro?

✔ 너는 자동차 한 대를 원하니? → ¿Quieres un coche?
✔ 응, 나는 자동차 한 대를 원해. → Sí, quiero un coche.
✔ 아니, 나는 자동차 한 대를 원하지 않아. → No, no quiero un coche.

④ querer 동사의 활용

querer 동사를 활용하여 '나는 너를 좋아해'와 같은 표현을 만들 수 있습니다.

✔ 나는 너를 좋아해. → Te quiero.

TIP '나는 너를 원해'라고 직역되지만, 한국어로는 '나는 너를 좋아해, 나는 너를 사랑해'라고 해석하시면 됩니다.

✔ 너는 나를 좋아하니? ➡ ¿Me quieres?
✔ 응, 나는 너를 좋아해. ➡ Sí, te quiero.
✔ 아니, 나는 너를 안 좋아해. ➡ No, no te quiero.

⑤ querer + 동사 원형 = ~하는 것을 원하다, ~하고 싶다

✔ 나는 가고 싶다. ➡ Quiero ir.
✔ 너는 가고 싶어? ➡ ¿Quieres ir?
✔ 당신은 가고 싶어요? ➡ ¿Usted quiere ir?
✔ 우리들은 가고 싶다. ➡ Queremos ir.
✔ 너희들은 가고 싶어? ➡ ¿Queréis ir?
✔ 당신들은 가고 싶어요? ➡ ¿Ustedes quieren ir?

✔ 나는 스페인에 가고 싶다. ➡ Quiero ir a España.
✔ 너는 한국에 가고 싶어? ➡ ¿Quieres ir a Corea?
✔ 당신은 일본에 가고 싶어요? ➡ ¿Usted quiere ir a Japón?
✔ 우리들은 멕시코에 가고 싶다. ➡ Queremos ir a México.
✔ 당신들은 중국에 가고 싶어요? ➡ ¿Ustedes quieren ir a China?

✔ 나는 먹고 싶다. ➡ Quiero comer.
✔ 너는 먹고 싶다. ➡ Quieres comer.
✔ 당신은 먹고 싶다. ➡ Usted quiere comer.
✔ 그는 먹고 싶다. ➡ Él quiere comer.
✔ 그녀는 먹고 싶다. ➡ Ella quiere comer.

✔ 우리들은 춤추고 싶다. → Queremos bailar.

✔ 너희들은 춤추고 싶다. → Queréis bailar.

✔ 당신들은 춤추고 싶다. → Ustedes quieren bailar.

✔ 그들은 춤추고 싶다. → Ellos quieren bailar.

✔ 그녀들은 춤추고 싶다. → Ellas quieren bailar.

✔ 너는 아르헨티나에서 탱고를 추고 싶어?
→ ¿Quieres bailar tango en Argentina?

✔ 응, 나는 아르헨티나에서 탱고를 추고 싶어.
→ Sí, quiero bailar tango en Argentina.

✔ 아니, 나는 아르헨티나에서 탱고를 추고 싶지 않아.
→ No, no quiero bailar tango en Argentina.

✔ 너는 쉬고 싶어? → ¿Quieres descansar?

✔ 응, 나는 잠깐 쉬고 싶어. → Sí, quiero descansar un rato.

✔ 아니, 나는 쉬고 싶지 않아. → No, no quiero descansar.

⑥ 의문사 'qué 무엇'의 활용

✔ 너는 무엇을 마시고 싶어? → ¿Qué quieres tomar?

✔ 나는 맥주를 마시고 싶어. → Quiero tomar cerveza.

✔ 너는 무엇을 배우고 싶어? → ¿Qué quieres aprender?

✔ 나는 스페인어를 배우고 싶어. → Quiero aprender español.

✔ 너는 무엇을 먹고 싶어? ➡ ¿Qué quieres comer?

✔ 나는 빠에야가 먹고 싶어. ➡ Quiero comer paella.

✔ 너는 무엇을 공부하고 싶어? ➡ ¿Qué quieres estudiar?

✔ 나는 영어를 공부하고 싶어. ➡ Quiero estudiar inglés.

✔ 너는 미래에 무엇이 되고 싶니? ➡ ¿Qué quieres ser en el futuro?

✔ 나는 가수가 되고 싶어. ➡ Quiero ser cantante.

✔ 나는 (남자) 의사가 되고 싶어. ➡ Quiero ser médico.

따라 써 보기 | 한국어 해석을 보면서 스페인어를 써 보세요.

A 너는 나를 좋아하니? ¿Me quieres?

B 응, 나는 너를 좋아해. Sí, te quiero.

A 너는 무엇을 배우고 싶어? ¿Qué quieres aprender?

B 나는 스페인어를 배우고 싶어. Quiero aprender español.

A 너는 무엇을 먹고 싶어? ¿Qué quieres comer?

B 나는 빠에야가 먹고 싶어. Quiero comer paella.

STEP 3

연습 문제

오늘 배운 내용을 완전히 내 것으로 만들어 봐요!

❶ 인칭대명사에 따라 빈칸에 알맞은 querer 동사 변화를 적어 봅시다.

	querer
a. Yo	
b. Tú	
c. Usted / Él / Ella	
d. Nosotros/as	
e. Vosotros/as	
f. Ustedes / Ellos / Ellas	

❷ 빈칸에 알맞은 querer 동사 변화를 적어 봅시다.

a. 나는 스페인어를 배우고 싶어. — Yo ______ estudiar español.

b. 오늘 너는 무엇을 하고 싶어? — ¿Qué ______ hacer hoy?

c. 나는 너를 좋아해. — Te ______.

d. 그들은 개 한 마리를 원하지 않는다. — Ellos no ______ un perro.

❸ 오늘 배운 표현들을 직접 작문해 봅시다.

a. 너 스페인에 가고 싶어?

➡ ______

b. 아니, 나 멕시코에 가고 싶어.

➡ ______

c. 오늘 너는 무엇을 하고 싶니?

➡ ______________________________

d. 나는 Yessi랑 스페인어를 공부하고 싶어.

➡ ______________________________

④ 제시된 단어를 이용해 직접 작문해 봅시다.

presidente m. 대통령 | **futuro** m. 미래 | **francés** m. 프랑스어

a. Juan은 대통령이 되고 싶어한다. ➡ ______________

b. 너는 미래에 무엇이 되고 싶니? ➡ ______________

c. 우리들은 프랑스어를 배우고 싶어. ➡ ______________

d. 맥주 한 잔 원하니? ➡ ______________

오늘 꼭 기억해 두어야 할 문장! 완전히 내 것으로 만들어 봐요.

① **¿Quieres ir a España?**

② **No, quiero ir a México.**

③ **¿Qué quieres hacer hoy?**

④ **Quiero estudiar español con Yessi.**

정답

1 **a.** quiero / **b.** quieres / **c.** quiere / **d.** queremos / **e.** queréis / **f.** quieren

2 **a.** quiero / **b.** quieres / **c.** quiero / **d.** quieren

3 **a.** ¿Quieres ir a España? / **b.** No, quiero ir a México. / **c.** ¿Qué quieres hacer hoy? / **d.** Quiero estudiar español con Yessi.

4 **a.** Juan quiere ser presidente. / **b.** ¿Qué quieres ser en el futuro? / **c.** Queremos aprender francés / **d.** ¿Quieres una cerveza?

PARTE 3

주요 문장 한번 더 짚고 가기!

1. muchas mesas
2. mucho dinero
3. tres baños
4. una ventana
5. ¿Quieres ir a España?
6. No, quiero ir a México.
7. ¿Qué quieres hacer hoy?
8. Quiero estudiar español con Yessi.

스페인어를 사용하는 중남미 국가 3탄, 콜롬비아(Colombia)

▲ 콜롬비아 커피

위치 | 남아메리카 대륙 북서부

시차 | 14시간 느림(한국 기준)

화폐 | 콜롬비아 페소(Peso Colombiano)

인구 | 5,208 만명

수도 | 보고타(Bogota)

주요도시 | 메데인(Medellin), 카르타헤나(Cartagena), 칼리(Cali)

특징 | '콜롬비아' 하면 무엇이 연상되나요? 각자의 취미, 취향에 따라 다르겠지만, 콜롬비아를 떠올렸을 때 절대 빼놓을 수 없는 것이 바로 '커피'입니다. 콜롬비아는 브라질, 베트남에 이어 전 세계 세 번째로 커피를 많이 생산하는 국가로 알려져 있습니다. 흔히 '커피 삼각지대'라고 불리는 파이사(Paisa) 지대의 커피는 세계적으로 품질이 좋기로 유명하며, 2011년 유네스코가 지정한 세계 문화유산으로 등재되기도 했답니다. 해마다 수많은 관광객이 커피 삼각지대를 방문하여 농장에서 직접 원두를 채집하고 커피를 맛보는 체험을 하고 있어요. 콜롬비아를 여행한다면 살렌토(Salento), 아르메니아(Armenia), 마니살레스(Manizales)와 같은 커피 삼각지대 도시를 방문해서 커피 한 잔의 여유를 즐겨 보는 건 어떨까요?

PARTE

04

나는 많은 친구들이 있어.

핵심 학습

현재시제 불규칙 동사(2) - tener 동사

Tengo muchos amigos.

나는 많은 친구들이 있습니다.

학습 목표

이번 시간에는 현재시제 불규칙 동사로써 활용이 매우 다양한 tener 동사를 학습해 봅시다.

tortilla f. 또르띠야 | **empanada** f. 엠빠나다 | **verano** m. 여름 | **por qué** 왜 | **por** ~를 통하여 | **qué** 무엇 | **tener** 가지고 있다 | **habitación** f. 방 | **salsa** f. 소스 | **picante** 매운

STEP 1

지난 시간 복습

잠깐! 다시 떠올려 볼까요?

❶ querer 동사의 현재시제 불규칙 변화 및 활용

지난 시간에는 querer 동사에 대해 학습하였습니다. querer 동사는 현재시제일 때 모음 'e → ie'로 바뀌는 불규칙 동사라는 점, 꼭 기억해 주세요.

querer 원하다	
Yo	qu**ie**ro
Tú	qu**ie**res
Usted / Él / Ella	qu**ie**re
Nosotros/as	queremos
Vosotros/as	queréis
Ustedes / Ellos / Ellas	qu**ie**ren

지난 시간에 학습했던 대표적인 활용 2가지를 복습해 보겠습니다.

1) querer + 명사 = ~을 원하다

2) querer + 동사 원형 = ~하고 싶다

❷ 지난 강의 주요 표현

✔ 나는 커피 한 잔을 원해. → Quiero un café.

✔ 오늘 너는 무엇을 하고 싶어? → ¿Qué quieres hacer hoy?

✔ 나는 Yessi랑 스페인어를 공부하고 싶어. → Quiero estudiar español con Yessi.

여기서 잠깐!

이번에는 의문사 '**por qué** 왜'를 활용하여 문장을 만들어 봅시다.

✔ 너 왜 스페인어 배우고 싶어? → ¿Por qué quieres aprender español?

✔ 너 왜 스페인에 가고 싶어? → ¿Por qué quieres ir a España?

✔ 너는 왜 영어를 공부하고 싶어? → ¿Por qué quieres estudiar inglés?

✔ 너는 왜 돈을 벌고 싶어? ➡ ¿Por qué quieres ganar dinero?

✔ 나는 스페인에 가기 위해 돈을 벌고 싶어. ➡ Quiero ganar dinero para ir a España.

✔ 나는 여행하기 위해 돈을 벌고 싶어. ➡ Quiero ganar dinero para viajar.

오늘도 하나씩 쌓아 가기!

오늘도 표현과 단어를 하나씩 쌓고, 오늘의 단어와 밑줄 포인트를 익혀 봅시다.

❶ 오늘의 표현

✔ 또르띠야(멕시코 사람들의 주식) ➡ tortilla

✔ 엠빠나다(중남미의 만두 같은 음식) ➡ empanada

✔ 또르띠야 더 주세요. ➡ Más tortillas, por favor.

❷ 오늘의 단어

✔ 여름 ➡ el verano

✔ 왜 ➡ por qué

✔ ~를 통하여 / ~로 인해서 ➡ por

✔ 무엇 ➡ qué

✔ 가지고 있다 ➡ tener

✔ 방 ➡ la habitación

✔ 소스 ➡ la salsa

✔ 매운 ➡ picante

✔ 매운 소스 ➡ salsa picante

❸ 오늘의 밑줄 긋기

◆ '왜'라는 표현은 스페인어로 'por qué'로, 'por'와 'qué' 사이를 띄어서 사용합니다. 하지만 문장 중간에 'porque'라는 한 단어로 사용할 경우, 뜻이 바뀌어 '왜냐하면'이라는 의미가 됩니다.

STEP 2

오늘의 학습

오늘은 무엇을 배워 볼까요?

1 오늘의 핵심 포인트

tener 동사는 '가지고 있다'라는 뜻을 가집니다. 영어의 have 동사와 비슷하지요. 스페인어로 '나는 ~을 가지고 있다'라는 문장은 한국어로 '나는 ~이 있다'라고 해석됩니다.
tener 동사는 querer 동사와 마찬가지로 현재시제일 때 'e → ie'로 바뀌는 불규칙 변화를 합니다. 그런데 tener 동사의 경우 주어가 yo일때 'tengo'라는 형태로 변화한다는 점 기억해 주세요.

tener 가지고 있다	
Yo	**tengo**
Tú	t**ie**nes
Usted / Él / Ella	t**ie**ne
Nosotros/as	tenemos
Vosotros/as	tenéis
Ustedes / Ellos / Ellas	t**ie**nen

TIP 모든 불규칙 동사는 'nosotros / vosotros' 인칭일 때 불규칙이 다시 규칙으로 돌아옵니다.

Ej tenemos / tenéis

2 tener 동사의 활용(1) - tener 동사 + 명사

'tener 동사 + 명사'를 활용하여 '~를 가지고 있다, ~ 있다'처럼 소유를 나타낼 수 있습니다.

- ✔ 나는 고양이 한 마리가 있다. → Tengo un gato.
- ✔ 너는 고양이가 한 마리 있니? → ¿Tienes un gato?
- ✔ 당신은 고양이 한 마리가 있어요? → ¿Usted tiene un gato?

- ✔ 우리들은 고양이 한 마리가 있어요. → Tenemos un gato.
- ✔ 너희들은 고양이 한 마리가 있니? → ¿Tenéis un gato?
- ✔ 당신들은 고양이 한 마리가 있어요? → ¿Ustedes tienen un gato?

✔ 나는 자동차 한 대가 있다. → Tengo un coche.

✔ 나는 자동차 두 대가 있다. → Tengo dos coches.

✔ 나는 많은 자동차들이 있다. → Tengo muchos coches.

✔ 나는 집 한 채가 있다. → Tengo una casa.

✔ 나는 집 두 채가 있다. → Tengo dos casas.

✔ 나는 집 세 채가 있다. → Tengo tres casas.

✔ 나는 많은 친구들이 있다. → Tengo muchos amigos.

✔ 나는 많은 책들이 있다. → Tengo muchos libros.

✔ 나는 많은 집들이 있다. → Tengo muchas casas.

✔ 나는 많은 상점들이 있다. → Tengo muchas tiendas.

✔ 너는 많은 친구들이 있어? → ¿Tienes muchos amigos?

✔ 당신은 많은 친구들이 있나요? → ¿Usted tiene muchos amigos?

✔ 네, 저는 친구들이 많아요. → Sí, tengo muchos amigos.

✔ 아니요, 저는 많은 친구들이 없어요. → No, no tengo muchos amigos.

✔ 너는 많은 돈이 있어? → ¿Tienes mucho dinero?

✔ 당신은 많은 돈이 있어요? → ¿Usted tiene mucho dinero?

✔ 네, 저는 많은 돈이 있어요. → Sí, tengo mucho dinero.

✔ 아니요, 저는 많은 돈이 없어요. → No, no tengo mucho dinero.

③ tener 동사의 활용(2) - ~있어요?

상점이나 식당에서 '~ 있어요?'라고 물어보는 표현을 tener 동사를 사용하여 만들 수 있습니다

- ✔ 떼낄라 있어요? → ¿Tiene tequila?
- ✔ 꾸이 있어요? → ¿Tiene cuy?
- ✔ 매운 소스 있어요? → ¿Tiene salsa picante?

TIP 1. 이러한 경우에는 주어 'usted'를 생략하셔도 좋습니다.
2. 단순히 '존재 여부'를 물어볼 때에는 대부분의 경우 관사를 생략합니다.

④ tener 동사의 활용(3)

그리고 '우리 집은 화장실이 세 개야'와 같은 문장을 만들 때에도 tener 동사를 사용할 수 있습니다.

- ✔ 우리 집은 창문 하나가 있다. → Mi casa tiene una ventana.
- ✔ 우리 집은 화장실 두 개가 있다. → Mi casa tiene dos baños.
- ✔ 우리 집은 방 세 개가 있다. → Mi casa tiene tres habitaciones.

따라 써 보기 | 한국어 해석을 보면서 스페인어를 써 보세요.

① 너는 고양이가 한 마리 있니?

¿Tienes un gato?

② 나는 집 두 채가 있다.

Tengo dos casas.

③ 당신은 많은 돈이 있어요?

¿Usted tiene mucho dinero?

④ 네, 저는 많은 돈이 있어요.

Sí, tengo mucho dinero.

STEP 3

연습 문제

오늘 배운 내용을 완전히 내 것으로 만들어 봐요!

❶ 인칭대명사에 따라 빈칸에 알맞은 tener 동사 변화를 적어 봅시다.

	tener
a. Yo	
b. Tú	
c. Usted / Él / Ella	
d. Nosotros/as	
e. Vosotros/as	
f. Ustedes / Ellos / Ellas	

❷ 빈칸에 알맞은 tener 동사 변화를 적어 봅시다.

a. 그는 집 한 채를 가지고 있다. Él ______ una casa.

b. 나의 집은 화장실 세 개가 있다. Mi casa ______ tres baños.

c. 우리들은 두 마리의 고양이가 있다. Nosotros ______ dos gatos.

d. 당신은 많은 돈이 있나요? ¿Usted ______ mucho dinero?

❸ 오늘 배운 표현들을 직접 작문해 봅시다.

a. 너는 많은 친구들이 있니?

➡ ______

b. 응, 나는 많은 친구들이 있어.

➡ ______

c. 매운 소스 있어요?

➡ ______________________

d. 우리 집은 창문 하나가 있다.

➡ ______________________

❹ 제시된 단어를 이용해 직접 작문해 봅시다.

habitación f. 방 | **empanada** f. 엠빠나다 | **dinero** m. 돈 | **salsa** f. 소스

a. 우리 집은 방 두 개가 있다. ➡ ______________________

b. 그 남자애는 엠빠나다 세 개를 가지고 있다. ➡ ______________________

c. 당신은 많은 돈이 있나요? ➡ ______________________

d. 소스 있나요? ➡ ______________________

오늘 꼭 기억해 두어야 할 문장! 완전히 내 것으로 만들어 봐요.

❶ **¿Tienes muchos amigos?**

❷ **Sí, tengo muchos amigos.**

❸ **¿Tiene salsa picante?**

❹ **Mi casa tiene una ventana.**

정답

1 **a.** tengo / **b.** tienes / **c.** tiene / **d.** tenemos / **e.** tenéis / **f.** tienen

2 **a.** tiene / **b.** tiene / **c.** tenemos / **d.** tiene

3 **a.** ¿Tienes muchos amigos? / **b.** Sí, tengo muchos amigos. / **c.** ¿Tiene salsa picante? / **d.** Mi casa tiene una ventana.

4 **a.** Mi casa tiene dos habitaciones. / **b.** El chico tiene tres empanadas. / **c.** ¿Usted tiene mucho dinero? / **d.** ¿Tiene salsa?

Tengo veinte años.

나는 20살입니다.

이번 시간에는 tener 동사를 활용하여 관용적인 표현을 만들어 봅시다.

pozole m. 뽀쏠레(멕시코 전통 음식) | **morcilla** f. 모르씨야(남미식 순대) | **otoño** m. 가을 | **calor** m. 더위 | **frío** m. 겨울 | **hambre** f. 배고픔 | **sed** f. 갈증 | **año** m. 해, 년 | **cuánto/a** 얼만큼의

STEP 1

지난 시간 복습

잠깐! 다시 떠올려 볼까요?

① tener 동사의 현재시제 불규칙 변화 및 활용

지난 시간에 학습한 현재시제 불규칙 동사인 tener 동사를 복습해 보겠습니다.

tener 가지고 있다	
Yo	**tengo**
Tú	**tie**nes
Usted / Él / Ella	**tie**ne
Nosotros/as	tenemos
Vosotros/as	tenéis
Ustedes / Ellos / Ellas	**tie**nen

② 지난 강의 주요 표현

✔ 너는 남자 친구가 있어? → ¿Tienes novio?

✔ 응, 나는 남자 친구가 있어. → Sí, tengo novio.

✔ 아니, 나는 남자 친구가 없어. → No, no tengo novio.

TIP 단순히 '존재 여부'를 물어볼 때에는 대부분의 경우 관사를 생략합니다.

✔ 너는 많은 친구들이 있어? → ¿Tienes muchos amigos?

✔ 응, 나는 많은 친구들이 있어. → Sí, tengo muchos amigos.

✔ 아니, 나는 많은 친구들이 없어. → No, no tengo muchos amigos.

오늘도 하나씩 쌓아 가기!

오늘도 표현과 단어를 하나씩 쌓고, 오늘의 단어와 밑줄 포인트를 익혀 봅시다.

❶ 오늘의 표현

중남미에서 유명한 음식 두 가지를 소개해 드리겠습니다.

✔ 뽀쏠레(멕시코 전통 음식) ➡ pozole

✔ 모르씨야(남미식 순대) ➡ morcilla

TIP 'pozole(뽀쏠레)'는 돼지고기나 닭고기 육수에 옥수수 알갱이를 곁들인 국물이 있는 음식입니다. 맛은 한국의 삼계탕과 비슷합니다.

✔ 나는 뽀쏠레가 정말 좋아! ➡ ¡Me encanta el pozole!

❷ 오늘의 단어

✔ 가을 ➡ el otoño

✔ 더위 ➡ el calor

✔ 추위 ➡ el frío

✔ 배고픔 ➡ el hambre

TIP 'hambre'는 원래 여성 명사입니다. 그러나 'la hambre'에서 발음상의 이유로 'el hambre'라고 표기합니다.

✔ 목마름 ➡ la sed

✔ 해, 년 ➡ el año

✔ 얼만큼의 ➡ cuánto/a

❸ 오늘의 밑줄 긋기

◆ 남미식 순대 '모르씨야(morcilla)'가 있다면, 남미 사람들이 즐겨 먹는 곱창도 있습니다. 남미에서 곱창은 '친출린(chinchulín)' 혹은 '뜨리빠(tripa)'라고 한다는 사실, 꼭 기억해 주세요!

STEP 2

오늘의 학습

오늘은 무엇을 배워 볼까요?

① 오늘의 핵심 포인트

이번 시간에는 tener 동사를 활용한 관용 표현을 배워 보도록 하겠습니다.

a. 덥다, 춥다, 배고프다, 목마르다
b. 몇 살이니? - 나는 20살이야.

② tener 동사의 관용 표현(1) - tener + 더위 = 덥다

tener 동사를 활용하여 '덥다, 춥다, 배고프다, 목마르다'와 같은 표현을 말해 봅시다. 한국어에서는 '나는 더워'라고 말하지만 스페인어에서는 '나는 더위를 가지고 있어(= 나는 더워)'라고 말합니다.

✔ tener calor → 덥다
✔ tener frío → 춥다
✔ tener hambre → 배고프다
✔ tener sed → 목마르다

TIP 이것은 일종의 관용적인 표현이므로 단어 앞에 관사를 사용하지 않습니다.

✔ 너는 더워? → ¿Tienes calor?
✔ 당신은 더워요? → ¿Usted tiene calor?

✔ 네, 저는 더워요. → Sí, tengo calor.
✔ 네, 저는 많이 더워요. → Sí, tengo mucho calor.

TIP '많이 덥다'라고 할 때에는 '나는 많은 더위를 가지고 있다'라고 표현합니다.

✔ 너는 추워? → ¿Tienes frío?

✔ 당신은 추워요? → ¿Usted tiene frío?

✔ 네, 저는 추워요. → Sí, tengo frío.

✔ 네, 저는 많이 추워요. → Sí, tengo mucho frío.

✔ 아니요, 저는 안 추워요. → No, no tengo frío.

✔ 너는 배고파? → ¿Tienes hambre?

✔ 당신은 배고파요? → ¿Usted tiene hambre?

✔ 네, 저는 배고파요. → Sí, tengo hambre.

✔ 네, 저는 많이 배고파요. → Sí, tengo mucha hambre.

✔ 아니요, 저는 배고프지 않아요. → No, no tengo hambre.

✔ 너는 목마르니? → ¿Tienes sed?

✔ 당신은 목말라요? → ¿Usted tiene sed?

✔ 네, 저는 목말라요. → Sí, tengo sed.

✔ 네, 저는 많이 목말라요. → Sí, tengo mucha sed.

✔ 아니요, 저는 목마르지 않아요. → No, no tengo sed.

③ tener 동사의 관용 표현(2)

이번에는 tener 동사를 활용하여 나이를 묻고 대답해 봅시다. 한국어로는 '나는 20살이야'라고 말하지만 스페인어에서는 '나는 20살을 가지고 있어(= 나는 20살이야)'라고 표현합니다.

✔ tener + 숫자 + año(s) → (나이가) ~살이다

✔ 너는 몇 살이니?(너는 얼마만큼의 햇수를 갖고 있니?) → ¿Cuántos años tienes?

✔ 당신은 몇 살이에요? → ¿Cuántos años tiene usted?

✔ 나는 1살이야. → Tengo un año.

TIP 1살은 'uno año'가 아닙니다! 'uno'는 남성 단수 명사 앞에 올 때 '-o'가 탈락되므로 'un año'라고 해야 합니다.

✔ 나는 2살이야. → Tengo dos años.

✔ 나는 3살이야. → Tengo tres años.

✔ 나는 10살이야. → Tengo diez años.

✔ 나는 15살이야. → Tengo quince años.

✔ 나는 20살이야. → Tengo veinte años.

✔ 나 21살이야. → Tengo veintiún años.

✔ 나 31살이야. → Tengo treinta y un años.

✔ 나 35살이야. → Tengo treinta y cinco años.

TIP '21 → veintiuno, 31 → treinta y uno, 41 → cuarenta y uno…'와 같은 숫자들이 남성 명사 앞에 올 경우 '-o'가 탈락됩니다.

따라 써 보기 | 한국어 해석을 보면서 스페인어를 써 보세요.

A 당신은 배고파요? ¿Usted tiene hambre?

아니요, 저는 배고프지 않아요. No, no tengo hambre. **B**

A 당신은 목말라요? ¿Usted tiene sed?

네, 저는 많이 목말라요. Sí, tengo mucha sed. **B**

A 당신은 몇 살이에요? ¿Cuántos años tiene usted?

나 21살이야. Tengo veintiún años. **B**

STEP 3 연습 문제

오늘 배운 내용을 완전히 내 것으로 만들어 봐요!

❶ 다음 예문을 보고 알맞은 뜻과 연결해 봅시다.

a. Ella tiene sed.	a. 저는 추워요.
b. Tengo quince años.	b. 그녀는 목이 마르다.
c. Tengo frio.	c. 우리들은 배가 고프다.
d. Tenemos hambre.	d. 그들은 덥다.
e. Ellos tienen calor.	e. 저는 15살입니다.

❷ 틀린 부분을 찾아 올바른 표현으로 고쳐 봅시다.

보기

~~Tengo dos año~~ → Tengo dos años.

a. Tengo uno año.

➡ ______________________________

b. Tengo treinta y un año.

➡ ______________________________

c. Tengo una sed.

➡ ______________________________

d. Tengo un hambre.

➡ ______________________________

❸ 오늘 배운 표현들을 직접 작문해 봅시다.

a. 너는 더워?

➡ ______________________

b. 응, 나 많이 더워.

➡ ______________________

c. 너는 몇 살이야?

➡ ______________________

d. 나는 20살이야.

➡ ______________________

❹ 제시된 단어를 이용해 직접 작문해 봅시다.

año m. 해, 년 | **treinta** m. 30, 서른 | **bebé** m.f. 아기

a. 당신은 몇 살인가요? ➡ ______________________

b. 저는 30살입니다. ➡ ______________________

c. 그 아기는 몇 살인가요? ➡ ______________________

d. 그 아기는 1살입니다. ➡ ______________________

오늘 꼭 기억해 두어야 할 문장! 완전히 내 것으로 만들어 봐요.

❶ **¿Tienes calor?**

❷ **Sí, tengo mucho calor.**

❸ **¿Cuántos años tienes?**

❹ **Tengo veinte años.**

정답

1 **a.** (b) 그녀는 목이 마르다. / **b.** (e) 저는 15살입니다. / **c.** (a) 저는 추워요. / **d.** (c) 우리들은 배가 고프다. / **e.** (d) 그들은 덥다.

2 **a.** Tengo un año. / **b.** Tengo treinta y un años. / **c.** Tengo sed. / **d.** Tengo hambre.

3 **a.** ¿Tienes calor? / **b.** Sí. Tengo mucho calor. / **c.** ¿Cuántos años tienes? / **d.** Tengo veinte años.

4 **a.** ¿Cuántos años tiene usted? / **b.** Tengo treinta años. / **c.** ¿Cuántos años tiene el bebé? / **d.** El bebé tiene un año.

Tengo que aprender español.

나는 스페인어를 배워야 합니다.

tener 동사 세 번째 시간입니다. 이번 강의에서는 tener 동사를 활용하여 '~해야 한다'와 같이 의무를 나타내는 표현을 말해 봅시다.

invierno m. 겨울 | **leche** f. 우유 | **arroz** m. 밥 | **trabajar** 일하다 | **porque** 왜냐하면 | **enseñar** 가르치다 | **joven** 젊은

STEP 1

지난 시간 복습

잠깐! 다시 떠올려 볼까요?

❶ tener 동사의 관용 표현

지난 시간에는 tener 동사를 활용한 관용 표현을 배워 보았습니다.

[tener + 더위 = 덥다]

- ✔ 덥다 ➡ tener calor
- ✔ 춥다 ➡ tener frío
- ✔ 목마르다 ➡ tener sed
- ✔ 배고프다 ➡ tener hambre
- ✔ 졸리다 ➡ tener sueño
- ✔ 무섭다 ➡ tener miedo

[tener + 숫자 + año(s) = (나이가) ~살이다]

- ✔ 10살이다 ➡ tener diez años
- ✔ 20살이다 ➡ tener veinte años
- ✔ 30살이다 ➡ tener treinta años

❷ 지난 강의 주요 표현

- ✔ 너는 배고파? ➡ ¿Tienes hambre?
- ✔ 응, 나는 배고파. ➡ Sí, tengo hambre.
- ✔ 응, 나는 많이 배고파. ➡ Sí, tengo mucha hambre.
- ✔ 아니, 나는 배가 고프지 않아. ➡ No, no tengo hambre.

- ✔ 너는 몇 살이야? ➡ ¿Cuántos años tienes?
- ✔ 나는 29살이야. ➡ Tengo veintinueve años.

오늘도 하나씩 쌓아 가기!

오늘의 표현과 단어를 하나씩 쌓고, 밑줄 포인트를 익혀 봅시다.

❶ 오늘의 표현

오늘은 스페인어권 국가에서 즐겨 먹는 후식을 알려 드리겠습니다.

- ✔ 뜨레스 레체스(세 가지 우유를 사용해 만드는 케이크) ➡ Tres Leches
- ✔ 아ㄹ로스 꼰 레체(우유로 조리한 쌀 푸딩) ➡ arroz con leche
- ✔ 뜨레스 레체스 주세요. ➡ Deme Tres Leches.

❷ 오늘의 단어

- ✔ 겨울 ➡ el invierno
- ✔ 우유 ➡ leche
- ✔ 쌀 ➡ arroz

- ✔ 열심히 일하다 ➡ trabajar mucho
- ✔ 왜냐하면 ➡ porque
- ✔ 가르치다 ➡ enseñar
- ✔ 젊은; 젊은이, 청년 ➡ joven

❸ 오늘의 밑줄 긋기

◆ 우유를 뜻하는 '레체(leche)'는 카페 메뉴에서도 종종 볼 수 있는 단어입니다. 스페인어로 '카페라테'는 바로 이 'leche 우유'와 'con ~와 함께'을 사용하여 'café con leche'로 사용한다는 점, 기억해 주세요!

STEP 2

오늘의 학습

오늘은 무엇을 배워 볼까요?

❶ 오늘의 핵심 포인트

이번 강의에서는 tener 동사를 활용한 의무 표현을 배워 보겠습니다. 형태는 **tener + que + 동사 원형**으로, 여기서 '**que**'는 의무 표현을 만들어 주는 장치입니다. 비교급에서 배웠던 '**que**'와는 다르니 주의해 주세요.

❷ tener + que + 동사 원형 = ~해야 한다

- ✔ 공부해야 한다 → tener que estudiar
- ✔ 배워야 한다 → tener que aprender
- ✔ 마셔야 한다 → tener que tomar
- ✔ 가야 한다 → tener que ir
- ✔ 먹어야 한다 → tener que comer
- ✔ 여행해야 한다 → tener que viajar
- ✔ 쉬어야 한다 → tener que descansar

- ✔ 나는 마셔야 한다. → Tengo que tomar.
- ✔ 너는 마셔야 한다. → Tienes que tomar.
- ✔ 당신은 마셔야 한다. → Usted tiene que tomar.
- ✔ 우리들은 마셔야 한다. → Tenemos que tomar.
- ✔ 너희들은 마셔야 한다. → Tenéis que tomar.
- ✔ 당신들은 마셔야 한다. → Ustedes tienen que tomar.

✔ 나는 많은 물을 마셔야 한다. ➡ Tengo que tomar mucha agua.

✔ 우리들은 많은 물을 마셔야 한다. ➡ Tenemos que tomar mucha agua.

✔ 나는 일해야 한다. ➡ Tengo que trabajar.

✔ 너는 일해야 한다. ➡ Tienes que trabajar.

✔ 당신은 일해야 한다. ➡ Usted tiene que trabajar.

✔ 그는 일해야 한다. ➡ Él tiene que trabajar.

✔ 그녀는 일해야 한다. ➡ Ella tiene que trabajar.

✔ 나는 열심히 일해야 한다.
➡ Tengo que trabajar mucho.

✔ 나는 돈을 벌기 위해 일해야 한다.
➡ Tengo que trabajar para ganar dinero.

✔ 나는 돈을 벌기 위해 열심히 일해야 한다.
➡ Tengo que trabajar mucho para ganar dinero.

✔ 나는 스페인에 가기 위해 스페인어를 배워야 한다.
➡ Tengo que aprender español para ir a España.

✔ 우리들은 가야 한다. ➡ Tenemos que ir.

✔ 너희들은 가야 한다. ➡ Tenéis que ir.

✔ 당신들은 가야 한다. ➡ Ustedes tienen que ir.

✔ 그들은 가야 한다. ➡ Ellos tienen que ir.

✔ 그녀들은 가야 한다. ➡ Ellas tienen que ir.

✔ 우리들은 아르헨티나에 가야 한다.
➡ Tenemos que ir a Argentina.

✔ 우리는 탱고를 배우기 위해 아르헨티나에 가야 한다.
➡ Tenemos que ir a Argentina para aprender tango.

✔ 우리들은 타코를 먹기 위해 멕시코에 가야 한다.
➡ Tenemos que ir a México para comer tacos.

✔ 우리들은 행복하게 살기 위해 스페인어를 배워야 한다.
➡ Tenemos que aprender español para vivir felizmente.

③ 'porque 왜냐하면' 활용하기

'tener + que + 동사 원형 = ~해야 한다'와 'porque 왜냐하면'를 활용하여 문장을 말해 봅시다.

TIP 왜(의문사) → por qué

✔ 나는 시원스쿨에 가야 한다. 왜냐하면 스페인어를 배우고 싶기 때문이다.
➡ Tengo que ir a 시원스쿨 **porque** quiero aprender español.

✔ 나는 한국에 가야 한다. 왜냐하면 한국어를 배우고 싶기 때문이다.
➡ Tengo que ir a Corea **porque** quiero aprender coreano.

✔ 나는 열심히 일해야 한다. 왜냐하면 돈을 벌고 싶기 때문이다.
➡ Tengo que trabajar mucho **porque** quiero ganar dinero.

✔ 나는 돈을 벌어야 한다. 왜냐하면 스페인을 여행하고 싶기 때문이다.
➡ Tengo que ganar dinero **porque** quiero viajar por España.

④ no + tener + que + 동사 원형 = 꼭 ~해야 하는 것은 아니다(~할 필요 없다)

'tener + que + 동사 원형' 앞에 'no'를 붙이면 '꼭 ~해야 하는 것은 아니다'라는 뜻을 가집니다. 상황에 따라 '~하면 안 된다'라는 뜻을 가지기도 하지만, 많은 경우 '꼭 ~해야 하는 것은 아니다, ~할 필요 없다'라는 뜻으로 사용됩니다.

✔ 너는 담배 피우면 안 된다. → No tienes que fumar.

✔ 너는 떼낄라 마시면 안 된다. → No tienes que tomar tequila.

✔ 너는 먹으면 안 된다. → No tienes que comer.

✔ 너는 많이 먹으면 안 된다. → No tienes que comer mucho.

✔ 너는 갈 필요 없다. → No tienes que ir.

✔ 너는 서울에 갈 필요 없다. → No tienes que ir a Seúl.

✔ 너는 돈을 벌 필요 없다. → No tienes que ganar dinero.

✔ 너는 꼭 한국어를 배워야 하는 것은 아니다.
→ No tienes que aprender coreano.

✔ 너는 꼭 영어를 배워야 하는 것은 아니다.
→ No tienes que aprender inglés.

✔ 너는 꼭 스페인에 가야 하는 것은 아니다.
→ No tienes que ir a España.

✔ 너는 꼭 돈을 벌어야 하는 것은 아니다.
→ No tienes que ganar dinero.

✔ 너는 꼭 많이 알아야 하는 것은 아니다. 왜냐하면 너는 젊기 때문이다.
→ No tienes que saber mucho porque eres joven.

따라 써 보기 | 한국어 해석을 보면서 스페인어를 써 보세요.

① 너희들은 마셔야 한다.

Tenéis que tomar.

② 나는 열심히 일해야 한다.

Tengo que trabajar mucho.

③ 우리들은 타코를 먹기 위해 멕시코에 가야한다.

Tenemos que ir a México para comer tacos.

④ 우리들은 행복하게 살기 위해 스페인어를 배워야 한다.

Tenemos que aprender español para vivir felizmente.

⑤ 너는 꼭 스페인에 가야 하는 것은 아니다.

No tienes que ir a España.

⑥ 너는 꼭 돈을 벌어야 하는 것은 아니다.

No tienes que ganar dinero.

STEP 3

연습 문제

오늘 배운 내용을 완전히 내 것으로 만들어 봐요!

❶ 인칭대명사에 따라 tener que를 적어 봅시다.

a. 나는 먹어야만 한다. Yo ______ comer.

b. 너는 먹어야만 한다. Tú ______ comer.

c. 그 / 그녀 / 당신은 일해야만 한다. Él / Ella / Usted ______ trabajar.

d. 우리들은 일해야만 한다. Nosotros/as ______ trabajar.

e. 너희들은 공부해야만 한다. Vosotros/as ______ estudiar.

f. 그들 / 그녀 / 당신들은 공부해야만 한다. Ellos / Ellas / Ustedes ______ estudiar.

❷ 나열된 단어를 순서대로 배열하여 문장을 만들어 봅시다.

a. 너는 여기서 담배를 피우면 안 돼.
(no / que / tienes / fumar / aquí)

➡ ______

b. 나는 영어를 배워야 한다.
(tengo / inglés / que / aprender)

➡ ______

c. 너는 꼭 영어를 배워야 하는 것은 아니다.
(tienes / no / aprender / que / inglés)

➡ ______

d. 우리들은 아르헨티나에 가야 한다.
(ir / a / que / Argentina / tenemos)

➡ ______

❸ 오늘 배운 표현들을 직접 작문해 봅시다.

a. 나는 열심히 일해야 한다. 왜냐하면 나는 돈을 벌고 싶기 때문이다.

➡ ____________________

b. 너는 꼭 스페인에 가야 하는 건 아니다. 왜냐하면 너는 스페인어를 말할 줄 알기 때문이다.

➡ ____________________

c. 너는 꼭 많은 돈을 벌어야 하는 것은 아니다. 왜냐하면 행복하게 사는 것이 더 중요하기 때문이다.

➡ ____________________

❹ 제시된 단어를 이용해 직접 작문해 봅시다.

trabajar 일하다 | **tango** m. 탱고 | **aprender** 배우다

a. 나는 갈 필요가 없다. ➡ ____________________

b. 그는 일해야만 한다. ➡ ____________________

c. 너는 스페인어를 공부해야만 한다 . ➡ ____________________

d. 나는 탱고를 배워야만 한다. ➡ ____________________

오늘 꼭 기억해 두어야 할 문장! 완전히 내 것으로 만들어 봐요.

❶ **Tengo que trabajar mucho porque quiero ganar dinero.**

❷ **No tienes que ir a España porque hablas español.**

❸ **No tienes que ganar mucho dinero porque es más importante vivir felizmente.**

정답

1 **a.** tengo que / **b.** tienes que / **c.** tiene que / **d.** tenemos que / **e.** tenéis que / **f.** tienen que

2 **a.** No tienes que fumar aquí. / **b.** Tengo que aprender inglés. / **c.** No tienes que aprender inglés. / **d.** Tenemos que ir a Argentina.

3 **a.** Tengo que trabajar mucho porque quiero ganar dinero. / **b.** No tienes que ir a España porque hablas español. / **c.** No tienes que ganar mucho dinero porque es más importante vivir felizmente.

4 **a.** No tengo que ir. / **b.** Él tiene que trabajar. / **c.** Tienes que estudiar español. / **d.** Tengo que aprender tango.

주요 문장 한번 더 짚고 가기!

❶ ¿Tienes muchos amigos?

❷ Sí, tengo muchos amigos.

❸ ¿Tiene salsa picante?

❹ ¿Tienes calor?

❺ Sí, tengo mucho calor.

❻ ¿Cuántos años tienes?

❼ Tengo veinte años.

❽ Tengo que trabajar mucho porque quiero ganar dinero.

❾ No tienes que ir a España porque hablas español.

❿ No tienes que ganar mucho dinero porque es más importante vivir felizmente.

쉬어 가기

스페인어를 사용하는 중남미 국가 4탄, 칠레(Chile)

▲ 아타카마 사막(Desierto de Atacama)

위치 | 남아메리카 대륙 중서부

시차 | 12시간 느림(한국 기준)

화폐 | 칠레 페소(Peso Chileno)

인구 | 1,962만 명

수도 | 산티아고(Santiago)

주요도시 | 발파라이소(Valparaíso), 콘셉시온(Concepción), 안토파가스타(Antofagasta)

특징 | 세상에서 가장 긴 나라, 칠레. 칠레는 동서 너비가 평균 177km 정도로 짧은 반면, 남북으로는 약 4,270km나 뻗어 있다는 특징이 있어요. 남북으로 길이가 긴 만큼 칠레에서는 다양한 기후가 나타나는데, 특히 북쪽 지역은 기후가 건조하기로 유명합니다. 건조한 기후로 인해 생겨난 아타카마 사막(Desierto de Atacama)은 세계에서 가장 건조한 지역으로 알려져 있으며, 1년 내내 비가 한 방울도 내리지 않는 곳도 있답니다. 아타카마 사막의 지형이 독특하기 때문에 많은 관광객들이 이곳에서 선셋 투어를 즐기며, 특히 '달의 계곡(Valle de la Luna)'이라는 곳은 화성을 닮은 기이한 모습으로 아주 인기 있는 관광 명소이니, 꼭 한번 들러 보세요.

PARTE

05

거기에는 무엇이 있나요?

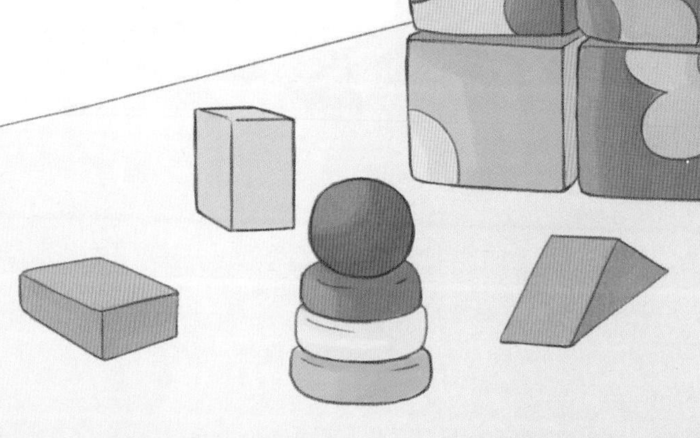

핵심 학습

hay 동사 학습하기

Capítulo 12 많은 학생들이 있습니다.

Hay muchos estudiantes.

많은 학생들이 있습니다.

학습 목표

이번 시간에는 '~이/가 있다'라는 뜻을 가진 hay 동사에 대해 학습해 보겠습니다.

학습 단어

menú m. 메뉴 | **enero** m. 1월 | **día** m. 날, 일 | **regalo** m. 선물 | **rosa** f. 장미 | **hospital** m. 병원 | **barrio** m. 동네 | **calle** f. 거리 | **obra** f. (예술) 작품 | **farmacia** f. 약국

지난 시간 복습

잠깐! 다시 떠올려 볼까요?

❶ tener 동사 현재시제 불규칙 변화 형태 및 활용

tener	
Yo	**tengo**
Tú	t**ie**nes
Usted / Él / Ella	t**ie**ne
Nosotros/as	tenemos
Vosotros/as	tenéis
Ustedes / Ellos / Ellas	t**ie**nen

a. **tener + que + 동사 원형 = ~해야 한다**

b. **no + tener + que + 동사 원형 = ~해야 하는 것은 아니다, ~할 필요 없다**

❷ 지난 강의 주요 표현

✔ 나는 스페인에 가야 한다. 왜냐하면 나는 빠에야를 먹고 싶기 때문이다.
→ Tengo que ir a España porque quiero comer paella.

✔ 너는 꼭 돈을 벌어야 하는 것은 아니다. 왜냐하면 공부하는 것이 더 중요하기 때문이다.
→ No tienes que ganar dinero porque estudiar es más importante.

오늘도 하나씩 쌓아 가기!

오늘의 표현과 단어를 하나씩 쌓고, 오늘의 단어와 밑줄 포인트를 익혀 봅시다.

❶ 오늘의 표현

✔ 오늘의 메뉴 → el menú del día

✔ 오늘의 메뉴는 무엇인가요? → ¿Cuál es el menú del día?

❷ 오늘의 단어

- ✔ 1월 ➡ enero

- ✔ 날, 일 ➡ día
- ✔ 선물 ➡ el regalo
- ✔ 선물 하나 ➡ un regalo
- ✔ 장미 ➡ la rosa
- ✔ 장미 한 송이 ➡ una rosa
- ✔ 선물 몇 개 ➡ unos regalos
- ✔ 장미 몇 송이 ➡ unas rosas
- ✔ 병원 ➡ el hospital
- ✔ 동네 ➡ el barrio
- ✔ 거리 ➡ la calle
- ✔ (예술) 작품 ➡ la obra

❸ 오늘의 밑줄 긋기

◆. 사람이나 차가 다니는 일반적인 길을 스페인어로 '까예(calle)'라고 합니다. 반면 차들이 많이 다니는 크고 넓은 대로는 스페인어로 '아베니다(avenida)'라고 한다는 점, 기억해 주세요!

STEP 2

오늘의 학습

오늘은 무엇을 배워 볼까요?

① 오늘의 핵심 포인트

'박물관 하나가 있다, 많은 자동차들이 있다' 등과 같이 '존재가 있는지 없는지'를 표현할 때 hay 동사를 사용합니다. hay 동사는 특이하게도 형태 변화 없이 'hay' 형태로만 사용됩니다.

② hay ~이/가 있다

✔ ~이/가 있다 → hay

✔ ~이/가 없다 → no hay

✔ 자동차 한 대가 있다. → Hay un coche.

✔ 선물 한 개가 있다. → Hay un regalo.

✔ 집 한 채가 있다. → Hay una casa.

✔ 장미 한 송이가 있다. → Hay una rosa.

✔ 자동차 몇 대가 있다. → Hay unos coches.

✔ 선물 몇 개가 있다. → Hay unos regalos.

✔ 집 몇 채가 있다. → Hay unas casas.

✔ 장미 몇 송이가 있다. → Hay unas rosas.

✔ 자동차 두 대가 있다. → Hay dos coches.

✔ 선물 세 개가 있다. → Hay tres regalos.

✔ 집 다섯 채가 있다. → Hay cinco casas.

✔ 장미 열 송이가 있다. → Hay diez rosas.

✔ 많은 자동차들이 있다. → Hay muchos coches.

✔ 많은 선물들이 있다. → Hay muchos regalos.

✔ 많은 집들이 있다. → Hay muchas casas

✔ 많은 장미들이 있다. → Hay muchas rosas.

③ hay 동사를 활용한 의문문

hay 동사로 의문문을 만들 때에는 앞뒤로 의문부호(¿?)를 적어 주고 끝만 올려 읽으면 됩니다.

✔ 많은 책들이 있니? → ¿Hay muchos libros?

✔ 집에는 많은 책들이 있니? → ¿**En casa** hay muchos libros?
= ¿Hay muchos libros **en casa**?

✔ 응, 많은 책들이 있어. → Sí, hay muchos (libros).

✔ 아니, 많은 책들이 없어. → No, no hay muchos (libros).

TIP 1. 대답할 때에는 질문에서 언급되었던 명사, 이 문장의 경우 'libros'를 생략할 수 있습니다. 'Sí, hay muchos'라고 하면 한국어로 '응, 많이 있어' 정도로 해석됩니다.
2. 'en casa'와 같은 장소 표현은 보통 문장의 맨 뒤에 위치합니다.

✔ 거리에는 많은 자동차들이 있니? → ¿**En la calle** hay muchos coches?
= ¿Hay muchos coches **en la calle**?

✔ 응, 많은 자동차들이 있어. → Sí, hay muchos (coches).

✔ 아니, 많은 자동차들이 없어. → No, no hay muchos (coches).

✔ 실례합니다. 이 동네에는 병원 하나가 있나요?
→ ¡Disculpe! ¿**En este barrio** hay un hospital?
= ¡Disculpe! ¿Hay un hospital **en este barrio**?

④ ¿Qué hay? 무엇이 있나요?

의문사 'qué를 활용해 봅시다.

✔ 바르셀로나에는 무엇이 있니? → ¿Qué hay en Barcelona?

✔ 저기에는 무엇이 있니? → ¿Qué hay allí?

TIP 'ahí 혹은 allí'를 사용할 때는 'en'을 사용하지 않습니다. 말하는 사람과 듣는 사람 모두에게 먼 곳을 'allí', 듣는 사람에게 가까운 곳을 가리킬 때 'ahí'를 씁니다.

✔ 저기에는 많은 박물관들이 있어. → Allí hay muchos museos.

✔ 저기에는 많은 박물관들과 많은 상점들이 있어. → Allí hay muchos museos y muchas tiendas.

✔ 아무것도 없어. → No hay nada.

한편 hay 동사를 활용하여 '자리 있어요?, 방 있어요?'와 같은 문장을 만들 수 있습니다.

✔ (식당에서) 자리 있어요? → ¿Hay mesas?

✔ (호텔에서) 방 있어요? → ¿Hay habitaciones?

TIP '테이블들, 방들'이 있는지 물어보는 질문입니다. 이 경우에는 보통 관사를 사용하지 않습니다.

따라 써 보기 | 한국어 해석을 보면서 스페인어를 써 보세요.

① 선물 한 개가 있다.

Hay un regalo.

② 자동차 두 대가 있다.

Hay dos coches.

③ 많은 책들이 있니?

¿Hay muchos libros?

④ 저기에는 무엇이 있니?

¿Qué hay allí?

STEP 3

연습 문제

오늘 배운 내용을 완전히 내 것으로 만들어 봐요!

❶ 다음 예문을 보고 알맞은 스페인어를 적어 봅시다.

a. ~이/가 있다 : ______________________

b. ~이/가 없다 : ______________________

c. 무엇이 있나요? : ______________________

d. 아무것도 없어요. : ______________________

❷ 나열된 단어를 순서대로 배열하여 문장을 만들어 봅시다.

a. 선물 두 개가 있다.
(regalos / dos / hay)

➡ ______________________

b. 거리에는 많은 자동차들이 있니?
(en / calle / muchos / la / hay / coches)

➡ ______________________

c. 마드리드에는 무엇이 있니?
(hay / en / qué / Madrid)

➡ ______________________

d. 저기에는 많은 박물관들과 많은 상점들이 있어.
(museos / tiendas / hay / muchos / allí / muchas / y)

➡ ______________________

❸ 오늘 배운 표현들을 직접 작문해 봅시다.

a. 장미 한 송이가 있다.

➡ ______________________

b. 장미 몇 송이가 있다.

➡ ______________________

c. 저기에는 무엇이 있나요?

➡ ______________________________

d. 저기에는 많은 박물관들이 있어요.

➡ ______________________________

❹ 제시된 단어를 이용해 직접 작문해 봅시다.

rosa f. 장미 | **barrio** m. 동네 | **farmacia** f. 약국 |
hospital m. 병원 | **obra** f. 작품

a. 장미가 두 송이 있다. ➡ ______________________________

b. 약국이 하나 있다. ➡ ______________________________

c. 이 동네에 병원 하나가 있나요? ➡ ______________________________

d. 많은 작품이 있다. ➡ ______________________________

오늘 꼭 기억해 두어야 할 문장! 완전히 내 것으로 만들어 봐요.

❶ **Hay una rosa.**

❷ **Hay unas rosas.**

❸ **¿Qué hay allí?**

❹ **Hay muchos museos allí.**

정답

1 **a.** hay / **b.** no hay / **c.** ¿Qué hay? / **d.** No hay nada.

2 **a.** Hay dos regalos. / **b.** ¿Hay muchos coches en la calle? 또는 ¿En la calle hay muchos coches? / **c.** ¿Qué hay en Madrid? / **d.** Allí hay muchos museos y muchas tiendas.

3 **a.** Hay una rosa. / **b.** Hay unas rosas. / **c.** ¿Qué hay allí? / **d.** Allí hay muchos museos.

4 **a.** Hay dos rosas. / **b.** Hay una farmacia. / **c.** ¿Hay un hospital en este barrio? / **d.** Hay muchas obras.

PARTE 5

주요 문장 한번 더 짚고 가기!

1. Hay una rosa.

2. Hay unas rosas.

3. Hay dos coches.

4. ¿En la calle hay muchos coches?
(= ¿Hay muchos coches en la calle?)

5. No, no hay muchos (coches).

6. ¿Qué hay allí?

7. Hay muchos museos allí.

8. No hay nada.

스페인어를 사용하는 중남미 국가 5탄, 코스타리카(Costa Rica)

▲ 마누엘 안토니오 국립공원(Parque Nacional de Manuel Antonio)

위치 | 중앙아메리카 대륙

시차 | 15시간 느림(한국 기준)

화폐 | 콜론(Colón)

인구 | 520만 명

수도 | 산호세 (San Jose)

주요도시 | 푸에르토 리몬 (Puerto Limón), 아라후엘라 (Arajuela)

특징 | 스페인어로 '풍요로운 해변'이라는 뜻을 가진 코스타리카는 서쪽으로는 태평양, 동쪽으로는 대서양을 마주하여 아름다운 해변이 많으며, 육지 대부분이 정글로 이루어져 있어 생태 관광지로 유명합니다. 코스타리카를 여행한다면 대표적으로 방문할 수 있는 곳으로 '마누엘 안토니오 국립공원(Parque Nacional de Manuel Antonio)'을 꼽을 수 있는데요. 마누엘 안토니오 국립공원은 태평양 해변에 위치하여 아름다운 바다 경치를 볼 수 있을 뿐만 아니라, 바로 옆에는 정글이 있어 바다와 정글 두 가지 풍경을 한 번에 보기에 안성맞춤이랍니다. 특히 정글을 걸으면서 원숭이, 너구리, 나무늘보 등 다양한 동물들을 만날 수 있는 곳이기도 해서 관광객들의 사랑을 한 몸에 받고 있으니, 기회가 된다면 꼭 들러 보는 것도 좋을 것 같아요.

PARTE

06

나는 수영할 수 있어.

핵심 학습

현재시제 불규칙 동사(3) - poder 동사

¿Puedes nadar?

너는 수영할 수 있어?

이번 시간에는 'o → ue'로 바뀌는 현재시제 불규칙 동사인 poder 동사를 학습해 봅시다.

febrero m. 2월 | **nadar** 수영을 하다 | **llegar temprano** 일찍 도착하다 | **hacer yoga** 요가를 하다 | **abrir** 열다 | **con** ~와, ~와 함께 | **conmigo** 나와 함께 | **contigo** 너와 함께 | **cerrar** (창문, 문 등을) 닫다

STEP 1

지난 시간 복습

잠깐! 다시 떠올려 볼까요?

① hay 동사의 활용

hay 동사는 형태 변화 없이 'hay' 형태로만 사용된다는 것과 동사 뒤에 단어가 위치한다는 점이 중요합니다.

✔ ~이/가 있다 → hay

✔ ~이/가 없다 → no hay

✔ ~가 있습니까? → ¿Hay ~?

✔ 무엇이 있습니까? → ¿Qué hay ~?

② 지난 강의 주요 표현

✔ 선물 한 개가 있다. → Hay un regalo.

✔ 선물 몇 개가 있다. → Hay unos regalos.

✔ 선물 두 개가 있다. → Hay dos regalos.

✔ 많은 선물들이 있다. → Hay muchos regalos.

✔ 내 방에는 선물 하나가 있다. → Hay un regalo en mi habitación.

✔ 내 방에는 많은 선물들이 있다. → Hay muchos regalos en mi habitación.

[hay 동사를 활용한 의문문]

✔ 거리에는 많은 자동차들이 있나요? → ¿Hay muchos coches en la calle?

✔ 네, 많은 자동차들이 있어요. → Si, hay muchos (coches).

✔ 아니요, 많은 자동차들이 없어요. → No, no hay muchos (coches).

[¿Qué hay? = 무엇이 있나요?]

✔ 저기에는 무엇이 있나요? → ¿Qué hay allí?

✔ 저기에는 많은 카페들이 있어요. → Allí hay muchos cafés.

✔ 아무것도 없어요. → No hay nada.

오늘도 하나씩 쌓아 가기!

오늘의 표현과 단어를 하나씩 쌓고, 오늘의 단어와 밑줄 포인트를 익혀 봅시다.

❶ 오늘의 표현

✔ (식당에서 주문할 때) 이걸로 할게요. ➡ Quiero esto.

❷ 오늘의 단어

✔ 2월 ➡ febrero

✔ 수영을 하다 ➡ nadar

✔ 일찍 도착하다 ➡ llegar temprano

✔ 요가를 하다 ➡ hacer yoga

✔ (문, 창문 등을) 열다 ➡ abrir

✔ ~와, ~와 함께 ➡ con

✔ 나와 함께 ➡ conmigo

✔ 너와 함께 ➡ contigo

❸ 오늘의 밑줄 긋기

◆ 뒷부분에서 한 번 더 설명하겠지만, '나와 함께, 너와 함께'는 'con yo', 'con tú'가 아닌 각각 'conmi-go'와 'contigo'로 변형시켜 표현합니다. 반면 '그녀와 함께, 우리들과 함께, 그들(남자)과 함께'와 같은 표현에서는 각각 'con ella', 'con nosotros', 'con ellos'로 변형 없이 사용합니다.

STEP 2

오늘의 학습

오늘은 무엇을 배워 볼까요?

① 오늘의 핵심 포인트

이번 강의에서는 '할 수 있다'라는 뜻을 가진 poder 동사의 현재시제 불규칙 변화 형태를 알아보고, 이 동사를 활용하여 '~할 수 있다'라는 표현과 '~해도 될까요?'와 같은 허락을 구하는 표현, 그리고 '~해 줄래?, ~해 주시겠어요?'와 같은 요청의 표현을 학습해 보겠습니다.

② poder + 동사 원형 = ~할 수 있다

poder 동사를 활용하여 '~을 할 수 있다'를 뜻하는 표현을 배워 봅시다. poder 동사는 현재시제일 때 'o → ue'로 바뀌는 불규칙 동사입니다.

poder 할 수 있다	
Yo	puedo
Tú	puedes
Usted / Él / Ella	puede
Nosotros/as	podemos
Vosotros/as	podéis
Ustedes / Ellos / Ellas	pueden

TIP 모든 불규칙 동사는 'nosotros / vosotros' 인칭일 때 불규칙이 다시 규칙으로 돌아옵니다.

Ej podemos / podéis

✔ 나는 갈 수 있다. → Puedo ir.

✔ 너는 갈 수 있다. → Puedes ir.

✔ 당신은 갈 수 있다. → Usted puede ir.

✔ 그는 갈 수 있다. → Él puede ir.

✔ 그녀는 갈 수 있다. → Ella puede ir.

✔ 우리들은 수영할 수 있다. → Podemos nadar.
✔ 너희들은 수영할 수 있다. → Podéis nadar.
✔ 당신들은 수영할 수 있다. → Ustedes pueden nadar.
✔ 그들은 수영할 수 있다. → Ellos pueden nadar.
✔ 그녀들은 수영할 수 있다. → Ellas pueden nadar.

✔ 나는 수영을 매우 잘할 수 있다. → Puedo nadar muy bien.
✔ 나는 수영을 할 수 없다.(못한다.) → No puedo nadar.

✔ 너는 요가를 할 수 있니? → ¿Puedes hacer yoga?
✔ 당신 요가를 할 수 있어요? → ¿Puede hacer yoga?
✔ 너희들은 요가 할 수 있니? → ¿Podéis hacer yoga?
✔ 당신들은 요가 할 수 있어요? → ¿Pueden hacer yoga?

✔ 너는 스페인어를 말할 수 있니? → ¿Puedes hablar español?
✔ 응, 나는 스페인어를 말할 수 있어. → Sí, puedo hablar español.
✔ 아니, 나는 스페인어를 말할 수 없어. → No, no puedo hablar español.

✔ 너는 수영할 수 있니? → ¿Puedes nadar?
✔ 응, 나는 수영할 수 있어. → Sí, puedo nadar.
✔ 아니, 나는 수영할 수 없어. → No, no puedo nadar.

✔ 너는 일찍 도착할 수 있니? → ¿Puedes llegar temprano?
✔ 응, 나는 일찍 도착할 수 있어. → Si, puedo llegar temprano.
✔ 아니, 나는 일찍 도착할 수 없어. → No, no puedo llegar temprano.

③ ¿Puedo + 동사 원형? = 내가 ~해도 될까?, 될까요?

poder 동사의 'puedo' 형태를 활용하여 '내가 ~해도 될까?, 될까요?'와 같이 허락을 구하는 표현을 만들 수 있습니다.

- ✔ 제가 여기에서 담배를 피워도 될까요? → ¿Puedo fumar aquí?
- ✔ 제가 여기에 있어도 될까요? → ¿Puedo estar aquí?
- ✔ 제가 여기에서 공부해도 될까요? → ¿Puedo estudiar aquí?

- ✔ 내가 창문을 열어도 될까? → ¿Puedo abrir la ventana?
- ✔ 응, 돼. → Sí, puedes.
- ✔ 아니, 안 돼. → No, no puedes.

④ ¿Puedes + 동사 원형? = ~해 줄래? / ¿Puede + 동사 원형? = ~해 주시겠어요?

poder 동사의 'puedes', 'puede' 형태를 활용하여 상대방에게 부탁하는 표현을 말할 수 있습니다.

- ✔ 저기에서 담배를 피워 줄래? → ¿Puedes fumar allí?
- ✔ 저기에서 담배를 피워 주시겠어요? → ¿Puede fumar allí?

- ✔ 여기에 나와 함께 있어 줄래? → ¿Puedes estar aquí conmigo?
- ✔ 여기에 나와 함께 있어 주시겠어요? → ¿Puede estar aquí conmigo?
- ✔ 난 너와 함께 있어. → Estoy contigo.

TIP '나와 함께 → conmigo / 너와 함께 → contigo' 형태에 주의해 주세요.

- ✔ 창문을 열어 줄래? → ¿Puedes abrir la ventana?
- ✔ 창문을 열어 주시겠어요? → ¿Puede abrir la ventana?

STEP 3

연습 문제

오늘 배운 내용을 완전히 내 것으로 만들어 봐요!

❶ 인칭대명사에 따라 빈칸에 알맞은 poder 동사 변화를 적어 봅시다.

	poder
a. Yo	
b. Tú	
c. Usted / Él / Ella	
d. Nosotros/as	
e. Vosotros/as	
f. Ustedes / Ellos / Ellas	

❷ 빈칸에 알맞은 poder 동사 변화를 적어 봅시다.

a. 나는 갈 수 있다. Yo ______ ir.

b. 우리들은 수영할 수 있다. Nosotros ______ nadar.

c. 그는 스페인어를 말할 수 없어. Él no ______ hablar español.

d. 그녀들은 일찍 도착할 수 있어. Ellas ______ llegar temprano.

e. 내가 창문을 열어도 될까? ¿ ______ abrir la ventana?

❸ 오늘 배운 표현들을 직접 작문해 봅시다.

a. 너 수영할 수 있어?

➡ ______

b. 제가 여기에서 담배 피워도 될까요?

➡ ______

c. 창문 좀 열어 줄래?

➡ ____________________

d. 당신들은 요가 할 수 있어요?

➡ ____________________

❹ 제시된 단어를 이용해 직접 작문해 봅시다.

nadar 수영하다 | **conmigo** 나와 함께 | **fumar** 담배를 피우다 |
puerta f. 문 | **cerrar** (창문, 문 등을) 닫다

a. 그녀는 수영을 할 수 있다. ➡ ____________________

b. 나와 함께 있어 주시겠어요? ➡ ____________________

c. 너는 여기에서 담배를 피울 수 없어. ➡ ____________________

d. 문을 닫아 주시겠어요? ➡ ____________________

오늘 꼭 기억해 두어야 할 문장! 완전히 내 것으로 만들어 봐요.

❶ **¿Puedes nadar?**

❷ **¿Puedo fumar aquí?**

❸ **¿Puedes abrir la ventana?**

❹ **¿Pueden hacer yoga?**

정답

1 **a.** puedo / **b.** puedes / **c.** puede / **d.** podemos / **e.** podéis / **f.** pueden

2 **a.** puedo / **b.** podemos / **c.** puede / **d.** pueden / **e.** Puedo

3 **a.** ¿Puedes nadar? / **b.** ¿Puedo fumar aquí? / **c.** ¿Puedes abrir la ventana? / **d.** ¿Pueden hacer yoga?

4 **a.** Ella puede nadar. / **b.** ¿Puede estar conmigo? / **c.** No puedes fumar aquí. / **d.** ¿Puede cerrar la puerta?

Quiero··· / Puedo···

현재시제 불규칙 동사 정리

이번 강의에서는 지금까지 배운 현재시제 불규칙 동사들을 복습해 보겠습니다.

lo mismo 같은 것 | **marzo** m. 3월 | **fútbol** m. 축구 | **cerrar** (창문, 문 등을) 닫다 | **tomar** 마시다, (교통수단을) 타다 | **el metro** m. 지하철 | **el taxi** m. 택시 | **autobús** m. 버스 | **jugar** 놀다, 경기를 하다

STEP 1

지난 시간 복습

잠깐! 다시 떠올려 볼까요?

❶ poder 동사 현재시제 불규칙 변화 형태 및 응용

지난 시간에는 현재시제일 때 'o → ue'로 바뀌는 불규칙 동사인 poder 동사를 학습하였습니다.

poder 할 수 있다	
Yo	p**ue**do
Tú	p**ue**des
Usted / Él / Ella	p**ue**de
Nosotros/as	podemos
Vosotros/as	podéis
Ustedes / Ellos / Ellas	p**ue**den

[poder + 동사 원형 = 할 수 있다]

✔ 우리들은 수영할 수 있다. ➡ Podemos nadar.

[poder + 동사 원형? = 내가 ~해도 될까?, 될까요?]

✔ 제가 여기에 있어도 될까요? ➡ ¿Puedo estar aquí?

[¿Puedes + 동사 원형? = ~해 줄래? / ¿Puede + 동사 원형? = ~해 주시겠어요?]

✔ 창문을 열어 줄래? ➡ ¿Puedes abrir la ventana?

✔ 창문을 열어 주시겠어요? ➡ ¿Puede abrir la ventana?

❷ 지난 강의 주요 표현

✔ 너는 수영할 수 있어? ➡ ¿Puedes nadar?

✔ 너는 영어를 말할 수 있어? ➡ ¿Puedes hablar inglés?

✔ 제가 여기에서 담배 피워도 될까요? ➡ ¿Puedo fumar aquí?

✔ 제가 여기에서 공부해도 될까요? ➡ ¿Puedo estudiar aquí?

✔ 창문을 열어 줄래? ➡ ¿Puedes abrir la ventana?

✔ 여기 나랑 같이 있어 줄래? ➡ ¿Puedes estar aquí conmigo?

오늘도 하나씩 쌓아 가기!

오늘의 표현과 단어를 하나씩 쌓고, 오늘의 단어와 밑줄 포인트를 익혀 봅시다.

❶ 오늘의 표현

✔ (식당에서) 같은 걸로 할게요. ➡ Quiero lo mismo.

TIP 같은 것 → lo mismo

❷ 오늘의 단어

✔ 3월 ➡ marzo

✔ 축구 ➡ el fútbol

✔ (창문, 문 등을) 닫다 ➡ cerrar

✔ 마시다, (교통수단을) 타다 ➡ tomar

✔ 지하철 ➡ el metro

✔ 택시 ➡ el taxi

✔ 버스 ➡ el autobús

TIP 국가에 따라 버스를 'el bus'라고 하기도 합니다.

✔ 놀다, 경기를 하다 ➡ jugar

✔ 축구를 하다 ➡ jugar al fútbol

TIP 'jugar al fútbol'에서 'al'은 전치사 'a'와 남성 단수 정관사 'el'이 결합된 형태입니다. 'a + el'은 항상 'al'의 형태를 가지므로 'jugar a el fútbol'이라고 쓰일 수 없습니다.

❸ 오늘의 밑줄 긋기

◆ 'jugar al fútbol'과 같이 jugar 동사를 활용하여 '~ 스포츠를 하다'라고 표현할 경우 전치사 'a'를 동반한다는 사실, 기억해 주세요!

Ej jugar al baloncesto 농구를 하다

STEP 2

오늘의 학습

오늘은 무엇을 배워 볼까요?

① 오늘의 핵심 포인트

지금까지 배운 현재시제 불규칙 동사를 정리해 봅시다.

② e → ie 불규칙 동사

a. querer 동사

querer 원하다	
Yo	qu**ie**ro
Tú	qu**ie**res
Usted / Él / Ella	qu**ie**re
Nosotros/as	queremos
Vosotros/as	queréis
Ustedes / Ellos / Ellas	qu**ie**ren

[querer + 명사 = ~을 원하다]

- ✔ 나는 자동차 한 대를 원한다. → Quiero un coche.
- ✔ 나는 커피 한 잔을 원한다. → Quiero un café.
- ✔ 나는 장미 한 송이를 원한다. → Quiero una rosa.

[querer + 동사 원형 = ~하고 싶다]

- ✔ 너는 스페인에 가고 싶니? → ¿Quieres ir a España?
- ✔ 응, 나는 스페인에 가고 싶어. → Sí, quiero ir a España.
- ✔ 아니, 나는 스페인에 가고 싶지 않아. → No, no quiero ir a España.

- ✔ 너는 무언가를 마시고 싶니? → ¿Quieres tomar algo?
- ✔ 응, 나는 물을 마시고 싶어. → Sí, quiero tomar agua.
- ✔ 아니, 고마워. → No, gracias.

b. tener 동사

tener 가지고 있다	
Yo	**tengo**
Tú	**tie**nes
Usted / Él / Ella	**tie**ne
Nosotros/as	tenemos
Vosotros/as	tenéis
Ustedes / Ellos / Ellas	**tie**nen

[tener의 관용 표현]

✔ 나는 덥다. → Tengo calor.

✔ 나는 배고프다. → Tengo hambre.

✔ 나는 목마르다. → Tengo sed.

✔ 나는 춥다. → Tengo frío.

✔ 너는 몇 살이니? → ¿Cuántos años tienes?

✔ 나는 29살이야. → Tengo veintinueve años.

✔ 나는 31살이야. → Tengo treinta y un años.

[tener + que + 동사 원형 = ~해야 한다]

✔ 나는 열심히 공부를 해야 한다.
왜냐하면 나는 (남자) 선생님이 되고 싶기 때문이다.
→ Tengo que estudiar mucho porque quiero ser profesor.

✔ 나는 스페인어를 배워야 한다.
왜냐하면 나는 스페인을 여행하고 싶기 때문이다.
→ Tengo que aprender español porque quiero viajar por España.

✔ 너는 꼭 돈을 벌어야 하는 것은 아니다.
왜냐하면 공부하는 것이 더 중요하기 때문이다.
→ No tienes que ganar dinero porque estudiar es más importante.

c. cerrar 동사

querer, tener 동사를 제외한 또 다른 e → ie 불규칙 동사인 'cerrar 닫다' 동사를 배워 봅시다.

cerrar 닫다	
Yo	cierro
Tú	cierras
Usted / Él / Ella	cierra
Nosotros/as	cerramos
Vosotros/as	cerráis
Ustedes / Ellos / Ellas	cierran

✔ 나는 창문을 닫는다. → Cierro la ventana.

✔ 너는 창문을 닫는다. → Cierras la ventana.

✔ 당신은 창문을 닫는다. → Usted cierra la ventana.

✔ 그는 창문을 닫는다. → Él cierra la ventana.

✔ 그녀는 창문을 닫는다. → Ella cierra la ventana.

✔ 우리들은 창문을 닫는다. → Cerramos la ventana.

✔ 너희들은 창문을 닫는다. → Cerráis la ventana.

✔ 당신들은 창문을 닫는다. → Ustedes cierran la ventana.

✔ 그들은 창문을 닫는다. → Ellos cierran la ventana.

✔ 그녀들은 창문을 닫는다. → Ellas cierran la ventana.

✔ 나는 창문을 닫고 싶다. 왜냐하면 나는 춥기 때문이다.
→ Quiero cerrar la ventana porque tengo frío.

✔ 우리들은 창문을 닫고 싶다. 왜냐하면 우리들은 춥기 때문이다.
→ Queremos cerrar la ventana porque tenemos frío.

③ o/u → ue 불규칙 동사

a. poder 동사

poder 할 수 있다	
Yo	p**ue**do
Tú	p**ue**des
Usted / Él / Ella	p**ue**de
Nosotros/as	podemos
Vosotros/as	podéis
Ustedes / Ellos / Ellas	p**ue**den

[poder + 동사 원형 = ~할 수 있다]

✔ 나는 수영을 할 수 있다. → Puedo nadar.

✔ 나는 수영을 매우 잘할 수 있다. → Puedo nadar muy bien.

✔ 나는 스페인어 말할 수 있다. → Puedo hablar español.

✔ 너는 스페인어 말할 수 있어? → ¿Puedes hablar español?

[¿Puedo + 동사 원형? = 내가 ~해도 될까?, 될까요?]

✔ 제가 여기에서 담배 피워도 될까요? → ¿Puedo fumar aquí?

✔ 제가 여기에서 공부해도 될까요? → ¿Puedo estudiar aquí?

[¿Puedes + 동사 원형? = ~해 줄래? / ¿Puede + 동사 원형? = ~해 주시겠어요?]

✔ 창문 좀 열어 줄래? → ¿Puedes abrir la ventana?

✔ 창문 좀 닫아 줄래? → ¿Puedes cerrar la ventana?

[¿Cómo puedo ir ~? = 어떻게 (내가) ~에 갈 수 있나요?]
poder 동사를 활용해 길 묻는 표현을 배워 봅시다.

✔ 나는 시원스쿨에 갈 수 있다. → Puedo ir a 시원스쿨.

✔ 어떻게 (내가) 시원스쿨에 갈 수 있어요? → ¿Cómo puedo ir a 시원스쿨?

✔ 서울에 어떻게 갈 수 있나요? ➡ ¿Cómo puedo ir a Seúl?
✔ 부산에 어떻게 갈 수 있나요? ➡ ¿Cómo puedo ir a Busan?

✔ 지하철을 타면 돼요. ➡ Puede tomar el metro.
✔ 택시를 타면 돼요. ➡ Puede tomar el taxi.
✔ 버스를 타면 돼요. ➡ Puede tomar el autobús.

✔ 지하철을 타면 돼. ➡ Puedes tomar el metro.
✔ 택시를 타면 돼. ➡ Puedes tomar el taxi.
✔ 버스를 타면 돼. ➡ Puedes tomar el autobús.

b. jugar 동사

이번에는 'u → ue'로 바뀌는 불규칙 동사인 jugar 동사를 배워 봅시다.

jugar 놀다, 경기를 하다	
Yo	**jue**go
Tú	**jue**gas
Usted / Él / Ella	**jue**ga
Nosotros/as	jugamos
Vosotros/as	jugáis
Ustedes / Ellos / Ellas	**jue**gan

✔ 너는 축구를 할 수 있어? ➡ ¿Puedes jugar al fútbol?
✔ 응, 나는 축구를 할 수 있어. ➡ Sí, puedo jugar al fútbol.
✔ 아니, 나는 축구를 할 수 없어. ➡ No, no puedo jugar al fútbol.

TIP jugar + a + 정관사 + 운동 이름 = 그 운동을 하다.
축구를 하다: jugar al fútbol / 농구를 하다: jugar al baloncesto

STEP 3

연습 문제

오늘 배운 내용을 완전히 내 것으로 만들어 봐요!

❶ 인칭대명사에 따라 jugar 동사 변화를 적어 봅시다.

	jugar
a. Yo	
b. Tú	
c. Usted / Él / Ella	
d. Nosotros/as	
e. Vosotros/as	
f. Ustedes / Ellos / Ellas	

❷ 나열된 단어를 순서대로 배열하여 문장을 만들어 봅시다.

a. 그녀들은 창문을 닫는다.
(la / cierran / ventana / ellas)

➡ ______________________________

b. 서울에 어떻게 갈 수 있나요?
(puedo / a / ir / cómo / Seúl)

➡ ______________________________

c. 그들은 축구를 할 수 없다.
(pueden/ ellos / jugar / no / fútbol / al)

➡ ______________________________

d. 나는 창문을 열고 싶다. 왜냐하면 나는 덥기 때문이다.
(abrir / ventana / tengo / quiero / la / porque / calor)

➡ ______________________________

③ 오늘 배운 표현들을 직접 작문해 봅시다.

a. 창문 좀 닫아 주시겠어요?

➡ ______________________________

b. Antonio는 수영을 매우 잘할 수 있다.

➡ ______________________________

c. 너는 무언가를 마시고 싶니?

➡ ______________________________

d. 꼭 축구를 매우 잘해야 할 필요는 없어.

➡ ______________________________

④ 제시된 단어를 이용해 직접 작문해 봅시다.

jugar 놀다 | **fútbol** m. 축구 | **baloncesto** m. 농구 | **taxi** m. 택시 | **hambre** f. 배고픔

a. 나는 축구를 하고 싶어. ➡ ______________

b. 그녀는 농구를 할 수 있다. ➡ ______________

c. 택시를 타면 돼요. ➡ ______________

d. 나는 엄청 배고프다. ➡ ______________

오늘 꼭 기억해 두어야 할 문장! 완전히 내 것으로 만들어 봐요.

① **¿Puede cerrar la ventana?**

② **Antonio puede nadar muy bien.**

③ **¿Quieres tomar algo?**

④ **No tienes que jugar al fútbol muy bien.**

정답

1 a. juego / b. juegas / c. juega / d. jugamos / e. jugáis / f. juegan

2 a. Ellas cierran la ventana. / b. Cómo puedo ir a Seúl? / c. Ellos no pueden jugar al fútbol. / d. Quiero abrir la ventana porque tengo calor.

3 a. ¿Puede cerrar la ventana? / b. Antonio puede nadar muy bien. / c. ¿Quieres tomar algo? / d. No tienes que jugar al fútbol muy bien.

4 a. Quiero jugar al fútbol. / b. Ella puede jugar al baloncesto. / c. Puede tomar el taxi. / d. Tengo mucha hambre.

PARTE 6

주요 문장 한번 더 짚고 가기!

1. ¿Puedes nadar?
2. ¿Puedo fumar aquí?
3. ¿Puedes abrir la ventana?
4. ¿Puede cerrar la ventana?
5. Antonio puede nadar muy bien.
6. ¿Quieres tomar algo?
7. No tienes que jugar al fútbol muy bien.

스페인어를 사용하는 중남미 국가 6탄, **쿠바(Cuba)**

▲ 다양한 색의 건축물

위치 | 중앙아메리카 카리브해 서부

시차 | 13시간 느림(한국 기준)

화폐 | 쿠바 페소(Peso cubano)

인구 | 1,119만 명

수도 | 아바나(Habana)

주요도시 | 산티아고 데 쿠바(Santiago de Cuba), 관타나모(Guantánamo), 올긴(Holguín)

특징 | 우리에게 쿠바는 피델 카스트로(Fidel Castro)와 체 게바라(Che Guevara)가 혁명을 일으킨 곳으로 알려져 있는데요. 쿠바의 수도 아바나(Habana)는 1950년대 스타일의 클래식 자동차, 다양한 색의 건축물, 엘 말레콘(El Malecon) 해변가의 노을로도 유명합니다. 아바나를 여행한다면 반드시 놓치지 말아야 할 것이 있는데 그것은 바로 쿠바를 대표하는 술, '다이키리(Daiquiri)'입니다. 럼과 라임주스를 섞어 만든 다이키리는 세계적인 작가 어니스트 헤밍웨이(Ernest Hemingway)가 아바나에 머물며 즐겨 마셨던 것으로 유명하죠. 헤밍웨이가 즐겨 찾던 술집 엘 플로리디타(el floridita) 한쪽에는 헤밍웨이의 동상이 있고, 외부에는 '헤밍웨이가 가장 좋아했던 곳(el favorito de Hemingway)'이라는 문구가 적혀 있습니다. 아바나를 방문한다면, 헤밍웨이의 흔적과 함께 다이키리를 한 잔 즐기는 건 어떨까요?

PARTE

07

네가 스페인에 가고 싶다면, 너는 스페인어를 배워야 해.

'y 그리고, si 만약 ~한다면' 활용하기

Capítulo 15 나는 시원스쿨에 가서 스페인어를 배우고 싶습니다.

Capítulo 16 네가 스페인에 가고 싶다면, 너는 스페인어를 배워야 해.

Capítulo 17 다이얼로그로 복습하기

Quiero ir a 시원스쿨 y aprender español.

나는 시원스쿨에 가서 스페인어를 배우고 싶습니다.

이번 시간에는 접속사 'y 그리고'를 활용하는 법을 학습해 보겠습니다.

con salsa 소스 포함 | **sin salsa** 소스 없이 | **abril** m. 4월 | **un rato** 잠시 | **comprar** 구입하다, 사다

STEP 1

지난 시간 복습

잠깐! 다시 떠올려 볼까요?

❶ cerrar 동사와 jugar 동사

지난 시간에는 지금까지 배운 현재시제 불규칙 동사를 복습하고, 새로운 불규칙 동사인 cerrar 동사와 jugar 동사를 학습하였습니다.

cerrar 닫다	
Yo	c**ie**rro
Tú	c**ie**rras
Usted / Él / Ella	c**ie**rra
Nosotros/as	cerramos
Vosotros/as	cerráis
Ustedes / Ellos / Ellas	c**ie**rran

✔ 창문을 닫아 줄래? → ¿Puedes cerrar la ventana?

✔ 제가 문을 닫아도 될까요? → ¿Puedo cerrar la ventana?

jugar 놀다, 경기를 하다	
Yo	j**ue**go
Tú	j**ue**gas
Usted / Él / Ella	j**ue**ga
Nosotros/as	jugamos
Vosotros/as	jugáis
Ustedes / Ellos / Ellas	j**ue**gan

✔ 너는 축구를 할 수 있어? → ¿Puedes jugar al fútbol?

✔ 아니, 나는 축구를 할 수 없어. → No, no puedo jugar al fútbol.

오늘도 하나씩 쌓아 가기!

오늘의 표현과 단어를 하나씩 쌓고, 오늘의 단어와 밑줄 포인트를 익혀 봅시다.

❶ 오늘의 표현

✔ (식당에서) 소스 포함 ➡ con salsa

✔ (식당에서) 소스 없이 ➡ sin salsa

TIP ~을 포함하여, ~와 함께 → con / ~을 빼고, ~ 없이 → sin

✔ (식당에서) 소스를 곁들여 드릴까요? 아니면 빼고 드릴까요? ➡ ¿Con salsa o sin salsa?

❷ 오늘의 단어

✔ 4월 ➡ abril

✔ 지하철 / 택시 / 버스를 타다 ➡ tomar + el metro / el taxi / el autobús

✔ 잠시, 잠깐 ➡ un rato

✔ 구입하다, 사다 ➡ comprar(-ar 현재시제 규칙 동사)

❸ 오늘의 밑줄 긋기

◆ '소스'라는 뜻의 '살사(salsa)'는 라틴아메리카의 춤을 뜻하기도 합니다. 다진 쇠고기, 토마토 등 여러 가지 재료가 섞여 소스가 맛있어지듯이, 살사 춤도 다양한 요소를 결합했기 때문에 붙여진 이름이라고 합니다. 살사(salsa)는 '소스'라는 의미 외에 '남미를 대표하는 춤, 살사'의 의미도 갖고 있다는 점, 기억해 주세요!

STEP 2

오늘의 학습

오늘은 무엇을 배워 볼까요?

① 오늘의 핵심 포인트

이번 시간에는 접속사 'y 그리고'를 활용하여 문장을 만들어 봅시다.

✔ 자동차 한 대와 집 한 채 → un coche y una casa
✔ 책 한 권과 테이블 한 개 → un libro y una mesa
✔ 고양이 한 마리와 강아지 한 마리 → un gato y un perro
✔ 커피 한 잔과 맥주 한 잔 → un café y una cerveza

✔ 나는 자동차 한 대를 원한다.
→ Quiero un coche.

✔ 나는 자동차 한 대와 집 한 채를 원한다.
→ Quiero un coche y una casa.

✔ 나는 책 한 권과 테이블 한 개를 원한다.
→ Quiero un libro y una mesa.

✔ 나는 고양이 한 마리와 강아지 한 마리를 원한다.
→ Quiero un gato y un perro.

✔ 자동차 한 대와 집 한 채를 사다. → comprar un coche y una casa.
✔ 책 한 권과 테이블 한 개를 사다. → comprar un libro y una mesa.
✔ 고양이 한 마리와 강아지 한 마리를 사다. → comprar un gato y un perro.

✔ 나는 자동차 한 대와 집 한 채를 사고 싶다.
→ Quiero comprar un coche y una casa.

✔ 나는 고양이 한 마리와 강아지 한 마리를 사고 싶다.
→ Quiero comprar un gato y un perro.

✔ 나는 영어와 스페인어를 배우고 싶다.
→ Quiero aprender inglés y español.

② 접속사 'y'의 활용

이번에는 접속사 'y'를 활용하여 명사뿐만 아니라 동사와 동사를 연결해 봅시다.

✔ 시원스쿨에 가서 스페인어를 배우다. → ir a 시원스쿨 y aprender español.
✔ 종로에 가서 책 한 권을 사다. → ir a 종로 y comprar un libro.

✔ 나는 시원스쿨에 가서 스페인어를 배우고 싶다.
→ Quiero ir a 시원스쿨 y aprender español.

✔ 나는 종로에 가서 무언가를 먹고 싶다.
→ Quiero ir a 종로 y comer algo.

✔ 나는 종로에 가서 책 한 권을 사고 싶다.
→ Quiero ir a 종로 y comprar un libro.

✔ 나는 종로에 가서 테이블 한 개를 사고 싶다.
→ Quiero ir a 종로 y comprar una mesa.

✔ 나는 탈 것이다. → Voy a tomar.
✔ 종로에 가서 지하철을 타다. → ir a 종로 y tomar el metro.

TIP ir + a + 동사 원형 = ~할 것이다

- ✔ 나는 종로에 가서 지하철을 탈 것이다. → Voy a ir a 종로 y tomar el metro.
- ✔ 나는 종로에 가서 택시를 탈 것이다. → Voy a ir a 종로 y tomar el taxi.
- ✔ 나는 종로에 가서 책을 한 권 살 것이다. → Voy a ir a 종로 y comprar un libro.
- ✔ 나는 종로에 가서 커피를 한 잔 마실 것이다. → Voy a ir a 종로 y tomar un café.

- ✔ 나는 별내에 가서 축구를 할 것이다. → Voy a ir a 별내 y jugar al fútbol.
- ✔ 나는 스페인에 가서 축구를 할 것이다. → Voy a ir a España y jugar al fútbol.

- ✔ 나는 집에 가서 쉴 것이다. → Voy a ir a casa y descansar.
- ✔ 나는 집에 가서 잠깐 쉴 것이다. → Voy a ir a casa y descansar un rato.

- ✔ 나는 멕시코에 가서 타코를 먹을 것이다. → Voy a ir a México y comer tacos.
- ✔ 나는 스페인에 가서 빠에야를 먹을 것이다. → Voy a ir a España y comer paella.

따라 써 보기 | 한국어 해석을 보면서 스페인어를 써 보세요.

1. 나는 고양이 한 마리와 집 한 채를 사고 싶다.

   Quiero comprar un gato y una casa.

2. 나는 종로에 가서 무언가를 먹고 싶다.

   Quiero ir a 종로 y comer algo.

3. 나는 집에 가서 쉴 것이다.

   Voy a ir a casa y descansar.

4. 나는 스페인에 가서 빠에야를 먹을 것이다.

   Voy a ir a España y comer paella.

STEP 3

연습 문제

오늘 배운 내용을 완전히 내 것으로 만들어 봐요!

❶ 다음 예문을 보고 알맞은 뜻과 연결해 봅시다.

a. un gato y un perro ·	· a. 3월과 4월
b. una mesa y un libro ·	· b. 맥주 한 잔과 커피 한 잔
c. inglés y español ·	· c. 고양이 한 마리와 강아지 한 마리
d. marzo y abril ·	· d. 영어와 스페인어
e. una cerveza y un café ·	· e. 테이블 한 개와 책 한 권

❷ 나열된 단어를 순서대로 배열하여 문장을 만들어 봅시다.

a. 나는 버스와 지하철을 탈 것이다.
(tomar / autobús / voy / y / metro / el / a / autobús / el)

➡ ______________________________

b. 나는 멕시코에 가서 스페인어를 배울 것이다.
(ir / y / español / México / aprender / a / voy / a)

➡ ______________________________

c. 종로에 가서 책 한 권을 살 것이다.
(종로 / a / comprar / ir / voy / libro / a / y / un)

➡ ______________________________

d. 나는 자동차 한 대와 집 한 채를 사고 싶다.
(coche / casa / quiero / un / y / una / comprar)

➡ ______________________________

❸ 오늘 배운 표현들을 직접 작문해 봅시다.

a. 나는 자동차 한 대와 집 한 채를 원해.

➡ ______________________________

b. 나는 종로에 가서 커피 마시고 싶어.

➡ ______________________________

c. 나는 종로에 가서 지하철 탈 거야.

➡ ______________________________

❹ 제시된 단어를 이용해 직접 작문해 봅시다.

coreano m. 한국어 | **chino** m. 중국어 | **paella** f. 빠에야 |
casa f. 집 | **coche** m. 자동차 | **fútbol** m. 축구

a. 나는 한국어와 중국어를 배우고 싶다. ➡ ______________________________

b. 나는 스페인에 가서 빠에야를 먹을 것이다. ➡ ______________________________

c. 나는 집 한 채와 자동차 한 대를 살 것이다. ➡ ______________________________

d. 멕시코에 가서 축구를 할 것이다. ➡ ______________________________

오늘 꼭 기억해 두어야 할 문장! 완전히 내 것으로 만들어 봐요.

❶ **Quiero un coche y una casa.**

❷ **Quiero ir a 종로 y tomar café.**

❸ **Voy a ir a 종로 y tomar el metro.**

정답

1 **a.** (c) 고양이 한 마리와 강아지 한 마리 / **b.** (e) 테이블 한 개와 책 한 권 / **c.** (d) 영어와 스페인어 / **d.** (a) 3월과 4월 / **e.** (b) 맥주 한 잔과 커피 한 잔

2 **a.** Voy a tomar el autobús y el metro. / **b.** Voy a ir a México y aprender español. / **c.** Voy a ir a 종로 y comprar un libro. / **d.** Quiero comprar un coche y una casa.

3 **a.** Quiero un coche y una casa. / **b.** Quiero ir a 종로 y tomar café. / **c.** Voy a ir a 종로 y tomar el metro.

4 **a.** Quiero aprender coreano y chino. / **b.** Voy a ir a España y comer paella. / **c.** Voy a comprar una casa y un coche. / **d.** Voy a ir a México y jugar al fútbol.

Si quieres ir a España, tienes que aprender español.

네가 스페인에 가고 싶다면, 너는 스페인어를 배워야 해.

이번 시간에는 접속사 'si 만약 ~한다면'를 활용한 다양한 표현을 학습해 보겠습니다.

refresco m. 음료수 | **bebida** f. 음료 | **mayo** m. 5월 | **si ~** 만약 ~한다면 |
Japón m. 일본 | **primero** 먼저 | **algo** 무언가 | **Cuba** f. 쿠바 | **Perú** m. 페루

STEP 1

지난 시간 복습

잠깐! 다시 떠올려 볼까요?

❶ 지난 강의 주요 표현

지난 시간에는 접속사 'y 그리고'를 활용하여 '명사와 명사' 혹은 '동사와 동사'를 연결해 보았습니다.

✔ 나는 고양이 한 마리와 강아지 한 마리를 원한다.
➡ Quiero un gato y un perro.

✔ 나는 고양이 한 마리와 강아지 한 마리를 사고 싶다.
➡ Quiero comprar un gato y un perro.

✔ 나는 반포에 가서 스페인어를 배우고 싶다.
➡ Quiero ir a **반포** y aprender español.

✔ 나는 종로에 가서 택시를 탈 것이다.
➡ Voy a ir a **종로** y tomar el taxi.

오늘도 하나씩 쌓아 가기!

오늘의 표현과 단어를 하나씩 쌓고, 밑줄 포인트를 익혀 봅시다.

❶ 오늘의 표현

✔ (식당에서) 음료는요? ➡ ¿Para tomar?

✔ (식당에서) 음료는요? ➡ ¿Bebidas?

✔ 탄산음료 ➡ el refresco

TIP 1. 음료 → bebida
2. 탄산음료를 주문할 때 보통 상품명을 많이 말합니다.

❷ 오늘의 단어

- ✔ 5월 ➡ mayo
- ✔ 만약 ~한다면 ➡ si ~
- ✔ 일본 ➡ Japón
- ✔ 먼저 ➡ primero
- ✔ 무언가 ➡ algo
- ✔ 쿠바 ➡ Cuba
- ✔ 페루 ➡ Perú

❸ 오늘의 밑줄 긋기

◆ '무언가'를 뜻하는 'algo'는 '약간의'라는 뜻도 가지고 있습니다. 한국어로 '약간이라도 없는 것보다는 낫다'라는 문장 표현을 스페인어로는 'Algo es algo'라고 합니다.

STEP 2

오늘의 학습

오늘은 무엇을 배워 볼까요?

① 오늘의 핵심 포인트

이번 시간에는 'si 만약 ~한다면'을 활용하여 다양한 문장 형태를 학습해 보겠습니다. 'si 만약 ~한다면'와 'sí 네'와는 다르다는 것에 주의해 주세요.

a. 네가 ~한다면, 너는 ~할 수 있어.

b. 네가 ~하고 싶다면, 너는 ~해야 해.

이 두 가지 표현을 'poder 동사'와 'tener + que + 동사 원형'을 활용하여 반복적으로 연습해 봅시다.

② Si ~, puedes ~. = 네가 ~한다면, 너는 ~할 수 있어.

✔ 스페인어를 공부하다 → estudiar español

✔ 너는 스페인어를 공부한다. → Estudias español.

✔ 네가 스페인어를 공부한다면 → si estudias español

✔ 네가 무언가를 배운다면 → si aprendes algo

✔ 네가 많은 돈을 번다면 → si ganas mucho dinero

✔ 네가 열심히 일한다면 → si trabajas mucho

✔ 네가 스페인에 간다면 → si vas a España

✔ 네가 스페인어를 공부한다면, 너는 멕시코를 여행할 수 있어.
→ Si estudias español, puedes viajar por México.

✔ 네가 무언가를 배운다면, 너는 행복하게 살 수 있어.
→ Si aprendes algo, puedes vivir felizmente.

✔ 네가 많은 돈을 번다면, 너는 페루에 갈 수 있어.
→ Si ganas mucho dinero, puedes ir a Perú.

✔ 네가 열심히 일한다면, 너는 많은 돈을 벌 수 있어.
→ Si trabajas mucho, puedes ganar mucho dinero.

✔ 네가 스페인에 간다면, 너는 스페인어를 배울 수 있어.
→ Si vas a España, puedes aprender español.

③ Si quieres ~, tienes que ~. = 네가 ~하고 싶다면, 너는 ~해야 해.

✔ 네가 스페인에 가고 싶다면 → si quieres ir a España
✔ 네가 멕시코에 가고 싶다면 → si quieres ir a México
✔ 네가 아르헨티나에 가고 싶다면 → si quieres ir a Argentina

✔ 네가 빠에야를 먹고 싶다면 → si quieres comer paella
✔ 네가 탱고를 추고 싶다면 → si quieres bailar tango
✔ 네가 쉬고 싶다면 → si quieres descansar
✔ 네가 스페인어를 공부하고 싶다면 → si quieres aprender español
✔ 네가 스페인에서 살고 싶다면 → si quieres vivir en España

✔ 네가 스페인에 가고 싶다면, 너는 스페인어를 배워야 해.
→ Si quieres ir a España, tienes que aprender español.

✔ 네가 한국에 가고 싶다면, 너는 한국어를 배워야 해.
→ Si quieres ir a Corea, tienes que aprender coreano.

✔ 네가 일본에 가고 싶다면, 너는 일본어를 배워야 해.
➡ Si quieres ir a Japón, tienes que aprender japonés.

✔ 네가 스페인어를 배우고 싶다면, 너는 시원스쿨에 가야 해.
➡ Si quieres aprender español, tienes que ir a **시원스쿨**.

✔ 네가 집 한 채를 사고 싶다면, 너는 많은 돈을 벌어야 해.
➡ Si quieres comprar una casa, tienes que ganar mucho dinero.

✔ 네가 커피를 마시고 싶다면, 종로에 가야 해.
➡ Si quieres tomar café, tienes que ir a 종로.

✔ 네가 스페인어를 배우고 싶다면, 너는 스페인에 가야 해.
➡ Si quieres aprender español, tienes que ir a España.

✔ 네가 페루에 가고 싶다면, 너는 열심히 일해야 해.
➡ Si quieres ir a Perú, tienes que trabajar mucho.

STEP 3

연습 문제

오늘 배운 내용을 완전히 내 것으로 만들어 봐요!

❶ 다음 예문을 보고 알맞은 뜻과 연결해 봅시다.

a. Si quieres bailar tango · · a. 네가 일을 열심히 한다면

b. Si ganas mucho dinero · · b. 네가 멕시코에 가고 싶다면

c. Si quieres aprender español · · c. 네가 스페인어를 배우고 싶다면

d. Si trabajas mucho · · d. 네가 탱고를 추고 싶다면

e. Si quieres descansar · · e. 네가 쉬고 싶다면

f. Si quieres ir a México · · f. 네가 돈을 많이 번다면

❷ 나열된 단어를 순서대로 배열하여 문장을 만들어 봅시다.

a. 네가 많은 돈을 벌기를 원한다면, 너는 일해야만 해.
(si / tienes / mucho / que / quieres / trabajar / ganar / dinero)

➡ ______________________________

b. 네가 탱고를 배우고 싶다면, 너는 아르헨티나에 가야 해.
(ir / si / tienes / tango / que / aprender / Argentina / quieres / a)

➡ ______________________________

c. 네가 빠에야를 먹고 싶다면, 스페인에 가야 해.
(a / quieres / si / España / ir / tienes / paella / comer / que)

➡ ______________________________

d. 네가 중국에 가고 싶다면, 중국어를 배워야 해.
(China / que / chino / quieres / si / ir / a / tienes / aprender)

➡ ______________________________

❸ 오늘 배운 표현들을 직접 작문해 봅시다.

a. 네가 스페인어를 말한다면, 너는 스페인에서 일할 수 있어.

➡ ______________________________

b. 네가 축구를 하고 싶다면, 먼저 너는 공부해야 해.

➡ ______________________________

c. 너희들이 탱고를 배우고 싶다면, 너희들은 아르헨티나에 가야 해.

➡ ______________________________

❹ 제시된 단어를 이용해 직접 작문해 봅시다.

casa f. 집 | **trabajar** 일하다 | **alemán** m. 독일어 | **Alemania** f. 독일 | **mojito** m. 모히또 | **Cuba** f. 쿠바 | **Perú** m. 페루

a. 네가 집 한 채를 사고 싶다면, 너는 열심히 일해야만 해. ➡ ______________

b. 네가 독일어를 배우고 싶다면, 너는 독일로 가야 해. ➡ ______________

c. 너희들이 모히또를 마시고 싶다면, 너희들은 쿠바에 가야 해. ➡ ______________

d. 너희들이 열심히 일한다면, 너희들은 페루에 갈 수 있어. ➡ ______________

오늘 꼭 기억해 두어야 할 문장! 완전히 내 것으로 만들어 봐요.

❶ **Si hablas español, puedes trabajar en España.**

❷ **Si quieres jugar al fútbol, primero tienes que estudiar.**

❸ **Si queréis aprender tango, tenéis que ir a Argentina.**

정답

1 **a.** (d) 네가 탱고를 추고 싶다면 / **b.** (f) 네가 돈을 많이 번다면 / **c.** (c) 네가 스페인어를 배우고 싶다면 / **d.** (a) 네가 일을 열심히 한다면 / **e.** (e) 네가 쉬고 싶다면 / **f.** (b) 네가 멕시코에 가고 싶다면

2 **a.** Si quieres ganar mucho dinero, tienes que trabajar. / **b.** Si quieres aprender tango, tienes que ir a Argentina. / **c.** Si quieres comer paella, tienes que ir a España. / **d.** Si quieres ir a China, tienes que aprender chino.

3 **a.** Si hablas español, puedes trabajar en España. / **b.** Si quieres jugar al fútbol, primero tienes que estudiar. / **c.** Si queréis aprender tango, tenéis que ir a Argentina.

4 **a.** Si quieres comprar una casa, tienes que trabajar mucho. / **b.** Si quieres aprender alemán, tienes que ir a Alemania. / **c.** Si queréis tomar mojito, tenéis que ir a Cuba. / **d.** Si trabajáis mucho, podéis ir a Perú.

¿Qué tal si ~?

다이얼로그로 복습하기

학습 목표 이번 시간에는 다이얼로그를 통해 새로운 표현을 다양하게 배워 봅시다.

zumo m. (주로 스페인에서) 주스 | **jugo** m. (주로 중남미에서) 주스 | **naranja** f. 오렌지 | **manzana** f. 사과 | **uva** f. 포도 | **junio** m. 6월 | **un momento** 잠시, 잠깐 | **ir al cine** 영화관에 가다 | **cine** m. 영화관 | **boleto** m. 티켓 | **gratis** 공짜의, 무료의 | **su** 그의, 그녀의, 당신의 | **cumpleaños** m. 생일 | **hacer la fiesta** 파티를 하다, 파티를 열다 | **libre** 한가한, 여유로운 | **entonces** 그렇다면

STEP 1

지난 시간 복습

잠깐! 다시 떠올려 볼까요?

❶ 'si 만약 ~한다면'의 활용

a. Si ~, puedes ~. = 네가 ~한다면, 너는 ~할 수 있어.

b. Si quieres ~, tienes que ~. = 네가 ~하고 싶다면, 너는 ~해야 해.

❷ 지난 강의 주요 표현

✔ 네가 스페인어를 공부한다면, 너는 행복하게 살 수 있어.
➡ Si estudias español, puedes vivir felizmente.

✔ 네가 스페인에 간다면, 너는 스페인어를 배울 수 있어.
➡ Si vas a España, puedes aprender español.

✔ 네가 지하철을 타고 싶다면, 너는 종로에 가야 해.
➡ Si quieres tomar el metro, tienes que ir a 종로.

✔ 네가 스페인어를 배우고 싶다면, 너는 시원스쿨에 가야 해.
➡ Si quieres aprender español, tienes que ir a 시원스쿨.

오늘도 하나씩 쌓아 가기!

오늘의 표현과 단어를 하나씩 쌓고, 오늘의 단어와 밑줄 포인트를 익혀 봅시다.

❶ 오늘의 표현

✔ 주스: zumo(주로 스페인에서 씀) = jugo(중남미에서 씀)

✔ 오렌지: naranja ➡ 오렌지주스: jugo de naranja

✔ 사과: manzana ➡ 사과주스: jugo de manzana

✔ 포도: uva ➡ 포도주스: jugo de uva

✔ 오렌지주스 한 잔 할게요.
➡ Quiero un zumo de naranja, por favor.

❷ 오늘의 단어

✔ 6월 ➡ junio

✔ 여보세요? ➡ ¿Bueno? / ¿Aló? / ¿Hola?

TIP '여보세요?'라는 표현은 '¿Hola?', '¿Dígame?', '¿Bueno?' 등 국가마다 다양하게 사용합니다.

✔ 잠시, 잠깐 ➡ un momento(=un rato)
✔ ~하는 게 어때? ➡ ¿Qué tal si ~?

✔ 영화관에 가다 ➡ ir al cine
✔ 영화관 ➡ el cine
✔ 티켓 ➡ el boleto
✔ 공짜의, 무료의 ➡ gratis
✔ 좋은 생각이다! ➡ ¡Buena idea!

✔ 그의, 그녀의, 당신의 ➡ su
✔ 생일 ➡ el cumpleaños
✔ 파티를 하다, 파티를 열다 ➡ hacer la fiesta
✔ 여유로운, 한가한 ➡ libre
✔ 그렇다면 ➡ entonces

❸ 오늘의 밑줄 긋기

◆ '생일'을 뜻하는 단어 'cumpleaños'는 뒤에 's'가 붙어 복수 명사로 혼동할 수 있습니다. 하지만 'cumpleaños'는 단수 명사이며, 복수 형태 앞에 붙는 관사 'los' 대신 남성 단수 관사 'el'이 쓰인다는 점, 반드시 기억해 주세요.

STEP 2

오늘의 학습

오늘은 무엇을 배워 볼까요?

① 오늘의 핵심 포인트

상황별로 나눈 4가지 다이얼로그를 공부해 봅시다.

② 상황1 - '따르릉…'

Isabel이 친구인 Yessi에게 전화를 걸었습니다. 그런데 Yessi의 친언니 Lucía가 전화를 받은 상황입니다.

Lucía: ¿Bueno?

Isabel: ¡Hola! Soy Isabel. ¿Yessi está en casa?

Lucía: Sí, un momento, por favor.

Yessi: ¿Bueno?

Isabel: Yessi, ¿qué tal?

Yessi: Bien, gracias. ¿Y tú?

Lucía: 여보세요?

Isabel: 안녕하세요. 저 Isabel인데요. Yessi 집에 있나요?

Lucía: 네, 잠시만요.

Yessi: 여보세요?

Isabel: Yessi, 안녕. 어떻게 지내?

Yessi: 잘 지내, 고마워. 너는?

③ 상황2 - '우리 영화관에 가는 게 어때?'

Isabel: Bien. ¿Qué estás haciendo?

Yessi: Pues, nada. ¿Por qué?

Isabel: ¿Qué tal si vamos al cine? Tengo dos boletos gratis.

Yessi: ¡Buena idea! ¿Dónde estás ahora?

Isabel: 잘 지내. 뭐 하고 있어?

Yessi: 음, 아무것도. 왜?

Isabel: 우리 영화관에 가는 게 어때? 나 공짜 표 두 장 있어.

Yessi: 좋은 생각이다! 너는 지금 어디에 있어?

④ 상황3 - '토요일은 Adrián의 생일이야.'

Isabel: Estoy en la tienda para comprar un regalo.

Yessi: ¿Para quién?

Isabel: Para Adrián.
El sábado es su cumpleaños. Adrián va a hacer la fiesta en su casa.
¿Quieres ir?

Isabel: 선물 하나 사려고 나는 상점에 있어.

Yessi: 누구를 위해서?

Isabel: Adrián을 위해서.
토요일이 그의 생일이야. Adrián이 그의 집에서 파티를 열 거야. 가고 싶니?

⑤ 상황4 - '토요일에 나 시간 있어!'

Yessi: Sí, quiero ir. El sábado estoy libre.

Isabel: Bien. Entonces, ¡hablamos mañana! ¡Chao!

TIP 'hablamos'는 '우리들은 말할 것이다'라는 뜻도 되고, '말하자!'처럼 쓰일 수도 있습니다.

Yessi: 응, 가고 싶어. 토요일에 나 한가해.

Isabel: 좋아. 그렇다면 내일 얘기하자! 안녕!

따라 써 보기 | 한국어 해석을 보면서 스페인어를 써 보세요.

1. Yessi 집에 있나요?

   ¿Yessi está en casa?

2. 뭐 하고 있어?

   ¿Qué estás haciendo?

3. 누구를 위해서?

   ¿Para quién?

4. 토요일에 나 한가해.

   El sábado estoy libre.

STEP 3

연습 문제

오늘 배운 내용을 완전히 내 것으로 만들어 봐요!

❶ 대화를 보고 한국어 문장을 스페인어로 적어 봅시다.

Isabel: Bien. a. 뭐 하고 있어?

Yessi: Pues, nada. b. 왜?

Isabel: ¿Qué tal si vamos al cine? Tengo dos boletos gratis.

Yessi: c. 좋은 생각이야! ¿Dónde estás ahora?

a. 뭐 하고 있어? ➡ ______

b. 왜? ➡ ______

c. 좋은 생각이야! ➡ ______

❷ 나열된 단어를 순서대로 배열하여 문장을 만들어 봅시다.

a. 나 공짜 표 두 장 있어.
(dos / gratis / tengo / boletos)

➡ ______

b. 토요일에 나 한가해.
(libre / el / sábado / estoy)

➡ ______

c. 뭐 하고 있어?
(qué / haciendo / estás)

➡ ______

d. 선물 하나 사려고 나는 상점에 있어.
(comprar / la / regalo / un / para / en / tienda / estoy)

➡ ______

❸ 오늘 배운 표현들을 직접 작문해 봅시다.

a. 잠시만 기다려 주세요.

➡ ______________________________

b. 우리 영화관에 가는 게 어때?

➡ ______________________________

c. 토요일이 그(그녀)의 생일이야.

➡ ______________________________

d. 그렇다면 내일 얘기하자!

➡ ______________________________

❹ 제시된 단어를 이용해 직접 작문해 봅시다.

miércoles m. 수요일 | **mañana** f. 내일

a. 수요일에 나 한가해. ➡ ______________________________

b. 여보세요? ➡ ______________________________

c. 너는 지금 어디에 있어? ➡ ______________________________

d. 내일 이야기하자! ➡ ______________________________

오늘 꼭 기억해 두어야 할 문장! 완전히 내 것으로 만들어 봐요.

❶ **Un momento, por favor.**

❷ **¿Qué tal si vamos al cine?**

❸ **El sábado es su cumpleaños.**

❹ **Entonces, ¡hablamos mañana!**

정답

1 **a.** ¿Qué estás haciendo? / **b.** ¿Por qué? / **c.** ¡Buena idea!

2 **a.** Tengo dos boletos gratis. / **b.** El sábado estoy libre. / **c.** ¿Qué estás haciendo? / **d.** Estoy en la tienda para comprar un regalo.

3 **a.** Un momento, por favor. / **b.** ¿Qué tal si vamos al cine? / **c.** El sábado es su cumpleaños. / **d.** Entonces, ¡hablamos mañana!

4 **a.** El miércoles estoy libre. / **b.** ¿Bueno? 또는 ¿Aló? 또는 ¿Hola? / **c.** ¿Dónde estás ahora? / **d.** ¡Hablamos mañana!

PARTE 7

주요 문장 한번 더 짚고 가기!

1. Quiero un coche y una casa.
2. Quiero ir a 종로 y tomar café.
3. Voy a ir a 종로 y tomar el metro.
4. Si hablas español, puedes trabajar en España.
5. Si quieres jugar al fútbol, primero tienes que estudiar.
6. Si queréis aprender tango, tenéis que ir a Argentina.
7. Un momento, por favor.
8. ¿Qué tal si vamos al cine?
9. El sábado es su cumpleaños.
10. Entonces, ¡hablamos mañana!

스페인어를 사용하는 중남미 국가 7탄, **에콰도르(Ecuador)**

▲ 푸른발 부비

위치 | 남아메리카 대륙 북서부

시차 | 14시간 느림(한국 기준)

화폐 | 달러(USD)

인구 | 1,813만 명

수도 | 키토(Quito)

주요도시 | 과야킬(Guayaquil), 쿠엔카(Cuenca), 마찰라(Machala)

특징 | 적도 부근에 위치한 나라, 에콰도르. 에콰도르를 방문한다면 반드시 들러야 할 신비로운 섬이 있는데요. 바로 태평양에 위치한 '갈라파고스 제도(Galápagos Islands)'입니다. 갈라파고스 제도는 산타크루즈섬(Isla Santa Cruz), 이사벨라섬(Isla isabela), 산크리스토발섬(Isla de San Cristóbal) 등 총 19개의 화산섬으로 이루어져 있으며, 몇몇 섬들은 아직까지도 화산 활동이 활발하다고 합니다. 갈라파고스 제도가 특별한 이유는 오직 이 곳에서만 서식하는 동물들 때문인데요. 대표적으로 갈라파고스땅거북, 이구아나, 알바트로스, 푸른발 부비, 아메리카 군함조, 귀상어 같은 동물들이 있습니다. 또 해변가를 걷다 보면 사람을 두려워하지 않는 바다사자 무리를 볼 수 있고, 심지어 몇몇 해변에서는 바다사자들과 사람들이 함께 수영을 즐기기도 합니다. 오랜 시간 육지로부터 고립되어 희귀한 동물들의 서식지가 된 갈라파고스, 에콰도르를 여행한다면 갈라파고스 제도에서 특별한 시간을 보내 보는 건 어떨까요?

PARTE 08

나는 운동하는 것을 좋아해.

핵심 학습

gustar 동사 학습하기

Capítulo 18 나는 그것을 살 것입니다.

Capítulo 19 나는 여행을 좋아합니다.

Capítulo 20 나는 축구 보는 것을 좋아합니다.

Voy a comprarlo.

나는 그것을 살 것입니다.

1탄에서 '나를, 너를, 우리들을, 너희들을'에 해당하는 직접목적격 대명사를 학습하였습니다. 이번 시간에는 '그를, 그녀를, 당신을, 그들을, 그녀들을, 당신들을'에 해당하는 직접목적격 대명사를 학습해 봅시다.

fresa f. 딸기 | **toronja** f. 자몽 | **limonada** f. 레모네이드 | **julio** m. 7월 | **esperar** 기다리다

STEP 1

지난 시간 복습

잠깐! 다시 떠올려 볼까요?

지난 시간에는 다이얼로그를 통해 다양한 표현 및 상황을 학습하였습니다. 평상시에 자주 사용하는 문장이므로 잘 기억해 주세요.

❶ 직접목적격 대명사 - 나를 / 너를 / 우리들을 / 너희들을

이번 강의에서는 1탄에서 배웠던 직접목적격 대명사를 복습해 봅시다.

- ✔ 나를 ➡ me
- ✔ 너를 ➡ te
- ✔ 우리들을 ➡ nos
- ✔ 너희들을 ➡ os

'나는 너를 사랑해 = Yo te amo' 문장에서 확인해 볼 수 있듯이, 직접목적격 대명사는 변형된 동사 앞에 위치하고, 한국어와 어순이 비슷합니다.

❷ 지난 강의 주요 표현

- ✔ 너는 나를 사랑한다. ➡ (Tú) me amas.
- ✔ 당신은 나를 사랑한다. ➡ Usted me ama.
- ✔ 그는 나를 사랑한다. ➡ Él me ama.
- ✔ 그녀는 나를 사랑한다. ➡ Ella me ama.

- ✔ 나는 너를 사랑한다. ➡ (Yo) te amo.
- ✔ 그는 너를 사랑한다. ➡ Él te ama.
- ✔ 그녀는 너를 사랑한다. ➡ Ella te ama.

오늘도 하나씩 쌓아 가기!

오늘의 표현과 단어를 하나씩 쌓고, 오늘의 단어와 밑줄 포인트를 익혀 봅시다.

① 오늘의 표현

✔ 딸기주스 ➡ jugo de fresa

✔ 자몽주스 ➡ jugo de toronja

TIP 자몽을 'pomela'라고도 합니다.

✔ 레모네이드 ➡ limonada

✔ 딸기주스 한 잔 할게요. ➡ Quiero un zumo de fresa.

② 오늘의 단어

✔ 7월 ➡ Julio

✔ 기다리다 ➡ esperar

③ 오늘의 밑줄 긋기

◆ '기다리다'라는 뜻을 가진 단어 'esperar'는 '기다리다' 외에도 '희망하다' 또는 '소망하다'라는 의미로도 쓰일 수 있다는 점, 반드시 기억해 주세요!

STEP 2

오늘의 학습

오늘은 무엇을 배워 볼까요?

① 오늘의 핵심 포인트

이번 시간에는 '그를, 그녀를, 당신을, 그들을, 그녀들을, 당신들을'에 해당하는 직접목적격 대명사를 배워 봅시다.

나를	me	우리들을	nos
너를	te	너희들을	os
그를 그녀를 당신을	**lo la**	**그들을 그녀들을 당신들을**	**los las**

✔ 나는 그를 사랑한다. ➡ Lo amo.

✔ 나는 그녀를 사랑한다. ➡ La amo.

✔ 나는 그들을 사랑한다. ➡ Los amo.

✔ 나는 그녀들을 사랑한다. ➡ Las amo.

✔ 나는 그를 사랑하지 않는다. ➡ No lo amo.

✔ 나는 그녀를 사랑하지 않는다. ➡ No la amo.

✔ 나는 그들을 사랑하지 않는다. ➡ No los amo.

✔ 나는 그녀들을 사랑하지 않는다. ➡ No las amo.

✔ 너는 우빈이를 사랑하니? ➡ ¿Amas a 우빈?

✔ 응, 나는 그를 사랑해. ➡ Sí, lo amo.

✔ 아니, 나는 그를 사랑하지 않아. ➡ No, no lo amo.

✔ 너는 Yessi를 사랑하니? ➡ ¿Amas a Yessi?

✔ 응, 나는 그녀를 사랑해. ➡ Sí, la amo.

✔ 아니, 나는 그녀를 사랑하지 않아. ➡ No, no la amo.

② esperar 동사의 현재시제 규칙 변화 형태 및 활용

esperar 기다리다	
Yo	espero
Tú	esperas
Usted / Él / Ella	espera
Nosotros/as	esperamos
Vosotros/as	esperáis
Ustedes / Ellos / Ellas	esperan

✔ 나는 우빈을 기다린다 → Espero a 우빈.

✔ 나는 여기서 너를 기다린다. → Te espero aquí.

✔ 나는 그를 기다린다. → Lo espero.

✔ 나는 그녀를 기다린다. → La espero.

✔ 나는 그들을 기다린다. → Los espero.

✔ 나는 그녀들을 기다린다. → Las espero.

✔ 너는 우빈이를 기다리니? → ¿Esperas a 우빈?

✔ 응, 나는 그를 기다려. → Sí, lo espero.

✔ 아니, 나는 그를 기다리지 않아. → No, no lo espero.

✔ 너는 누구를 기다리니? → ¿A quién esperas?

✔ 나는 우리 엄마를 기다려. → Espero a mi mamá.

③ 'lo, la = 그것을'의 쓰임

'그를, 그녀를, 당신을, 그들을, 그녀들을, 당신들을'에 해당하는 'lo', 'la', 'los', 'las'는 사물을 받아서 '그것을, 그것들을'이라고 해석될 수 있습니다.

나를	me
너를	te
그를 그녀를 당신을 **그것을**	lo la

우리들을	nos
너희들을	os
그들을 그녀들을 당신들을 **그것들을**	los las

✔ 너는 살 거야? ➡ ¿Vas a comprar?

✔ 너는 그 책을 살 거야? ➡ ¿Vas a comprar el libro?

✔ 응, 나는 그것을 살 거야. ➡ Sí, lo voy a comprar.(= Sí, voy a comprar**lo**.)

TIP 직접목적격 대명사는 동사 앞에 위치할 수도 있고, 동사 원형 바로 뒤에 위치할 수도 있습니다.

✔ 너는 그 자동차를 살 거야? ➡ ¿Vas a comprar el coche?

✔ 응, 나는 그것을 살 거야. ➡ Sí, lo voy a comprar.(= Sí, voy a comprar**lo**.)

✔ 너는 그 컵을 살 거야? ➡ ¿Vas a comprar el vaso?

✔ 응, 나는 그것을 살 거야. ➡ Sí, lo voy a comprar.(= Sí, voy a comprar**lo**.)

✔ 너는 그 테이블을 살 거야? ➡ ¿Vas a comprar la mesa?

✔ 응, 나는 그것을 살 거야 ➡ Sí, la voy a comprar.(= Sí, voy a comprar**la**.)

✔ 너는 그 책들을 살 거야? ➡ ¿Vas a comprar los libros?

✔ 응, 나는 그것들을 살 거야. ➡ Sí, los voy a comprar.(= Sí, voy a comprar**los**.)

✔ 너는 그 장미들을 살 거야? ➡ ¿Vas a comprar las rosas?

✔ 응, 나는 그것들을 살 거야. ➡ Sí, las voy a comprar.(= Sí, voy a comprar**las**.)

✔ 너는 그 자동차를 살 거야? ➡ ¿Vas a comprar el coche?

✔ 응, 나는 그것을 살 거야. ➡ Sí, lo voy a comprar.(= Sí, voy a comprar**lo**.)

✔ 아니, 그것을 안 살 거야. ➡ No, no lo voy a comprar.(= No, no voy a comprar**lo**.)

STEP 3 연습 문제

오늘 배운 내용을 완전히 내 것으로 만들어 봐요!

1 인칭대명사에 따라 빈칸에 알맞은 직접목적어를 적어 봅시다.

	직접목적어
a. 나를	
b. 너를	
c. 그를 / 그녀를 / 당신을 / 그것을	
d. 우리들을	
e. 너희들을	
f. 그들을 / 그녀들을 / 당신들을 / 그것들을	

2 빈칸에 알맞은 직접목적어를 적어 봅시다.

a. 나는 그녀들을 기다린다. ______ espero.

b. 응, 나는 그것들(남성 명사)을 살 거야. Sí, ______ voy a comprar.

c. 아니, 나는 그를 사랑하지 않아. No, no ______ amo.

d. 나는 그것(여성 명사)을 안 살 거야. No ______ voy a comprar.

3 오늘 배운 표현들을 직접 작문해 봅시다.

a. 너는 우빈이를 기다리니?

→ ______

b. 응, 나는 그를 기다려.

→ ______

c. 너 그 자동차 살 거야?

➡ ______________________________

d. 아니, 나는 그것을 안 살 거야.

➡ ______________________________

❹ 제시된 단어를 이용해 직접 작문해 봅시다.

amar 사랑하다 | esperar 기다리다

a. 나는 너를 사랑한다. ➡ ______________________________

b. 그녀는 너를 기다린다. ➡ ______________________________

c. 너는 나를 사랑하지 않는다 ➡ ______________________________

d. 나는 그를 기다리지 않아. ➡ ______________________________

오늘 꼭 기억해 두어야 할 문장! 완전히 내 것으로 만들어 봐요.

❶ **¿Esperas a 우빈?**

❷ **Sí, lo espero.**

❸ **¿Vas a comprar el coche?**

❹ **No, no voy a comprarlo. 또는 No, no lo voy a comprar.**

정답

1 **a.** me / **b.** te / **c.** lo 또는 la / **d.** nos / **e.** os / **f.** los 또는 las

2 **a.** las / **b.** los / **c.** lo / **d.** la

3 **a.** ¿Esperas a 우빈? / **b.** Sí, lo espero. / **c.** ¿Vas a comprar el coche? / **d.** No, no voy a comprarlo. 또는 No, no lo voy a comprar.

4 **a.** Te amo. / **b.** Ella te espera. / **c.** (Tú) no me amas. / **d.** No lo espero.

Me gusta el viaje.

나는 여행을 좋아합니다.

학습 목표 '나는 여행을 좋아해'라는 문장은 스페인어로 어떻게 말할까요? 한국어와는 어순이 매우 다릅니다. 이번 시간에는 스페인어가 가지는 독특한 문장 구조를 배워 봅시다.

agosto m. 8월 | **enseñar español** 스페인어를 가르치다 | **dar esto** 이것을 주다 | **viaje** m. 여행 | **animal** m. 동물 | **flor** f. 꽃 | **fruta** f. 과일 | **mucho** 많이

지난 시간 복습

잠깐! 다시 떠올려 볼까요?

❶ 직접목적격 대명사 'lo / la / los / las'의 쓰임

지난 시간에 배운 직접목적격 대명사를 복습해 봅시다.

나를	me	우리들을	nos
너를	te	너희들을	os
그를 그녀를 당신을 그것을	lo la	그들을 그녀들을 당신들을 그것들을	los las

❷ esperar 동사의 현재시제 규칙 변화 형태

esperar 기다리다	
Yo	espero
Tú	esperas
Usted / Él / Ella	espera
Nosotros/as	esperamos
Vosotros/as	esperáis
Ustedes / Ellos / Ellas	esperan

❸ 지난 강의 주요 표현

✔ 너는 Yessi를 기다리니? → ¿Esperas a Yessi?

✔ 응, 나는 그녀를 기다려. → Sí, la espero.

✔ 아니, 나는 그녀를 기다리지 않아. → No, no la espero.

✔ 너는 그 테이블을 살 거야? → ¿Vas a comprar la mesa?

✔ 응, 나는 그것을 살 거야. → Sí, voy a comprarla.
= Sí, la voy a comprar.

✔ 아니, 나는 그것을 안 살 거야. ➡ No, no la voy a comprar.
= No, no voy a comprarla.

오늘도 하나씩 쌓아 가기!

오늘의 표현과 단어를 하나씩 쌓고, 오늘의 단어와 밑줄 포인트를 익혀 봅시다.

❶ 오늘의 표현

✔ (식당에서) 더 필요한 것 없으세요? ➡ ¿Algo más?

✔ (식당에서) 더 필요한 것 없어요. ➡ Nada más.

TIP 이 표현은 식당뿐만 아니라 옷 가게와 같은 상점에서도 사용될 수 있습니다.

❷ 오늘의 단어

✔ 8월 ➡ agosto

✔ 스페인어를 가르치다 ➡ enseñar español

✔ 이것을 주다 ➡ dar esto

✔ 여행 ➡ el viaje

✔ 동물 ➡ el animal

✔ 동물들 ➡ los animales

✔ 꽃 ➡ la flor

✔ 꽃들 ➡ las flores

✔ 과일 ➡ la fruta

✔ 과일들 ➡ las frutas

✔ 많이 ➡ mucho

❸ 오늘의 밑줄 긋기

◆ '이것을 주다'라는 표현 'dar esto'에서 'esto'는 'este', 'esta'와는 차이가 있는 표현입니다. 'este'는 남성 명사를 지칭할 때, 'esta'는 여성 명사를 지칭할 때 쓰이고, 'esto'는 가리키는 사물의 성이 불분명한 경우에 중성적 표현으로 사용됩니다.

STEP 2

오늘의 학습

오늘은 무엇을 배워 볼까요?

❶ 오늘의 핵심 포인트

이번 강의에서는 '~에게'에 해당하는 간접목적격 대명사를 활용한 문장을 학습해 봅시다. 본격적인 내용을 학습하기에 앞서 1탄에서 배웠던 '나에게, 너에게, 우리들에게, 너희들에게'를 복습해 봅시다.

나에게	me	우리들에게	nos
너에게	te	너희들에게	os

✔ 나에게 스페인어를 가르쳐 줄 수 있니?

➡ ¿Me puedes enseñar español?(=¿puedes enseñarme español?)

✔ 나에게 이것을 줄 수 있니?

➡ ¿Me puedes dar esto?(=¿puedes darme esto?)

스페인어에서는 '나는 스페인을 좋아해'라고 말하는 구조가 매우 특이합니다. 바로 '나에게 / 즐거움을 줘 / 스페인이'라는 구조로 말을 하는데, 이 때 gustar 동사와 간접목적격 대명사를 활용합니다. 이 구조는 스페인어에서 매우 중요한 구조이므로 잘 기억해 두세요.

❷ gustar 동사 현재시제 규칙 변화 형태 및 응용

gustar 즐거움을 주다	
Yo	gusto
Tú	gustas
Usted / Él / Ella	gusta
Nosotros/as	gustamos
Vosotros/as	gustáis
Ustedes / Ellos / Ellas	gustan

'나에게 / 즐거움을 준다 / 스페인이'에서 문장의 주어는 '스페인이'가 됩니다. 따라서 gustar 동사의 변형도 '스페인'에 맞추어 3인칭 단수 형태인 'gusta' 형태를 갖게 됩니다.

✔ 나는 스페인을 좋아해. → Me gusta España.

✔ 나에게 / 즐거움을 줘 / 한국이 → Me gusta Corea.

✔ 나에게 / 즐거움을 줘 / 멕시코가 → Me gusta México.

✔ 나에게 / 즐거움을 줘 / 아르헨티나가 → Me gusta Argentina.

✔ 나에게 / 즐거움을 줘 / 중국이 → Me gusta China.

✔ 나에게 / 즐거움을 줘 / 여행이 → Me gusta el viaje.

✔ 나에게 / 즐거움을 줘 / 커피가 → Me gusta el café.

✔ 나에게 / 즐거움을 줘 / 축구가 → Me gusta el fútbol.

✔ 나에게 / 즐거움을 줘 / 과일이 → Me gusta la fruta.

또한, 주어가 복수가 될 경우 gustar 동사 또한 복수 형태인 'gustan'으로 변화합니다.

✔ 나에게 / 즐거움을 줘 / 동물들이 → Me gustan los animales.

✔ 나에게 / 즐거움을 줘 / 꽃들이 → Me gustan las flores.

③ gustar 동사를 활용한 의문문

gustar 동사를 활용하여 '너는 여행이 좋아?'를 만들어 봅시다. 스페인어로는 '너에게 / 즐거움을 주니 / 여행이?'라고 물어보시면 됩니다. 이제부터는 gustar 동사 문장을 직역이 아닌 '~를 좋아해'로 해석하겠습니다.

✔ 너는 여행을 좋아해? → ¿Te gusta el viaje?

✔ 너는 커피를 좋아해? → ¿Te gusta el café?

✔ 너는 동물들을 좋아해? → ¿Te gustan los animales?

✔ 너는 꽃들을 좋아해? → ¿Te gustan las flores?

✔ 너는 축구를 좋아해? → ¿Te gusta el fútbol?

✔ 응, 나는 축구를 좋아해. → Sí, me gusta el fútbol.

✔ 아니, 나는 축구를 안 좋아해. → No, no me gusta el fútbol.

✔ 너는 꽃들을 좋아해? → ¿Te gustan las flores?

✔ 응, 나는 꽃들을 좋아해. → Sí, me gustan las flores.

✔ 아니, 나는 꽃들을 안 좋아해. → No, no me gustan las flores.

✔ **너희들은** 축구를 좋아해? → ¿**Os** gusta el fútbol?

✔ 응, **우리들은** 축구를 좋아해. → Sí, **nos** gusta el fútbol.

✔ 아니, **우리들은** 축구를 안 좋아해. → No, no **nos** gusta el fútbol.

④ 나는 여행을 많이 좋아해 - 'mucho 많이'의 사용

✔ 너는 여행을 좋아해? → ¿Te gusta el viaje?

✔ 응, 좋아. → Sí, me gusta.

TIP 이미 물어본 것에 대해 답하는 것이므로 'el viaje'는 생략해도 좋습니다.

✔ 응, **많이** 좋아해. → Sí, me gusta **mucho**.

TIP '많이 좋아해'라고 할 때에는 'mucho 많이'를 활용해 주세요.

✔ 아니, 좋아하지 않아. → No, no me gusta.

✔ 너는 꽃들을 좋아해? → ¿Te gustan las flores?

✔ 응, 좋아해. → Sí, me gustan.

✔ 응, 많이 좋아해. → Sí, me gustan mucho.

✔ 아니, 안 좋아해. → No, no me gustan.

STEP 3

연습 문제

오늘 배운 내용을 완전히 내 것으로 만들어 봐요!

❶ 인칭대명사에 따라 빈칸에 알맞은 간접목적격 대명사를 적어 봅시다.

	간접목적격 대명사
a. 나는 여행을 좋아한다.	______ gusta el viaje.
b. 너는 축구를 좋아한다.	______ gusta el futbol.
c. 우리들은 커피를 좋아한다.	______ gusta el café.
d. 너희들은 과일을 좋아한다.	______ gusta la fruta.

❷ 틀린 부분을 찾아 올바른 표현으로 고쳐 봅시다.

보기
~~Me gusta los coches~~ → Me gustan los coches
~~Yo gusta el café~~ → Me gusta el café

a. Te gustan el fútbol.

➡ ______________________________

b. Me gustan el viaje.

➡ ______________________________

c. Nosotros gusta la flor.

➡ ______________________________

d. Os gusta los animales.

➡ ______________________________

❸ 오늘 배운 표현들을 직접 작문해 봅시다.

a. 너희들은 축구를 좋아하니?

➡ ______________________

b. 아니, 나는 축구를 좋아하지 않아.

➡ ______________________

c. 너는 여행이 좋아?

➡ ______________________

d. 응, 나 여행하는 거 많이 좋아해.

➡ ______________________

❹ 제시된 단어를 이용해 직접 작문해 봅시다.

viaje m. 여행 | **fruta** f. 과일 | **animal** m. 동물

a. 나는 여행을 많이 좋아해. ➡ ______________________

b. 우리들은 과일들을 좋아해. ➡ ______________________

c. 너는 동물들을 좋아하니? ➡ ______________________

d. 아니, 나는 동물들을 안 좋아해. ➡ ______________________

오늘 꼭 기억해 두어야 할 문장! 완전히 내 것으로 만들어 봐요.

❶ **¿Os gusta el fútbol?**

❷ **No, no me gusta el fútbol.**

❸ **¿Te gusta el viaje?**

❹ **Sí, me gusta mucho el viaje.**

정답

1 a. Me / b. Te / c. Nos / d. Os

2 a. Te gusta el fútbol. / b. Me gusta el viaje. / c. Nos gusta la flor. / d. Os gustan los animales.

3 a. ¿Os gusta el fútbol? / b. No, no me gusta el fútbol. / c. ¿Te gusta el viaje? / d. Sí, me gusta mucho el viaje.

4 a. Me gusta mucho el viaje. / b. Nos gustan las frutas. / c. Te gustan los animales? / d. No, no me gustan los animales.

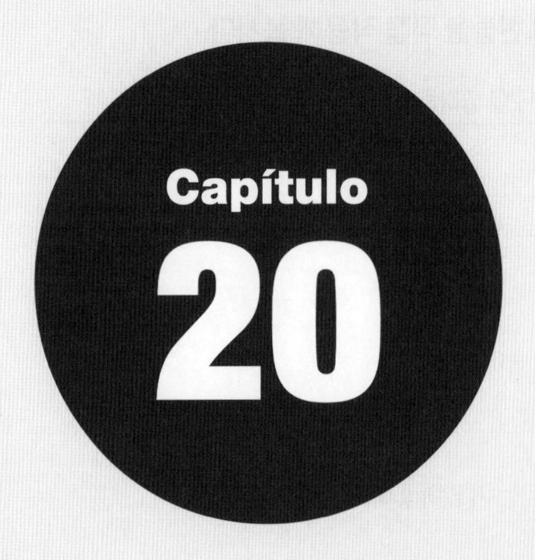

Me gusta ver el fútbol.

나는 축구 보는 것을 좋아합니다.

이번 강의에서는 gustar 동사를 심화 활용해 봅시다. 또한, '나에게, 너에게, 우리들에게, 너희들에게' 외에도 '그에게, 그녀에게, 당신에게, 그들에게, 그녀들에게, 당신들에게'에 해당하는 간접목적격 대명사도 학습해 봅시다.

rico/a 맛있는 | **septiembre** m. 9월 | **ver** 보다 | **ver la tele** 텔레비전 | **ejercicio** m. 운동 | **hacer** 하다 | **hacer ejercicio** 운동을 하다 | **cantar** 노래를 하다 | **encantar** 무척 즐거움을 주다

STEP 1

지난 시간 복습

잠깐! 다시 떠올려 볼까요?

① gustar 동사의 활용

'나는 ~을 좋아해'를 말하는 스페인어 구조는 독특합니다. 간접목적격 대명사와 gustar 동사를 활용하여 '나에게 / 즐거움을 줘 / ~이'라고 말합니다. 스페인어에서 이 구조로 사용되는 동사들은 매우 많습니다. gustar 동사를 사용하여 열심히 말하기 연습을 한다면 다른 동사들도 쉽게 적용하여 말하실 수 있을 거예요.

gustar 즐거움을 주다	
Yo	gusto
Tú	gustas
Usted / Él / Ella	gusta
Nosotros/as	gustamos
Vosotros/as	gustáis
Ustedes / Ellos / Ellas	gustan

② 지난 강의 주요 표현

- ✔ 너는 TV를 좋아해? ➡ ¿Te gusta la tele?
- ✔ 응, 많이 좋아해. ➡ Sí, me gusta mucho.
- ✔ 아니, 안 좋아해. ➡ No, no me gusta.

- ✔ 너는 꽃들을 좋아해? ➡ ¿Te gustan las flores?
- ✔ 응, 많이 좋아해. ➡ Sí, me gustan mucho.
- ✔ 아니, 안 좋아해. ➡ No, no me gustan.

오늘도 하나씩 쌓아 가기!

오늘의 표현과 단어를 하나씩 쌓고, 오늘의 단어와 밑줄 포인트를 익혀 봅시다.

❶ 오늘의 표현

✔ 맛있다!(감탄문) → ¡Qué rico!

TIP 맛있는 → rico/a

❷ 오늘의 단어

✔ 9월 → septiembre

✔ 보다 → ver

[ver 동사 현재시제 불규칙 변화]

ver 보다	
Yo	**veo**
Tú	ves
Usted / Él / Ella	ve
Nosotros/as	vemos
Vosotros/as	**veis**
Ustedes / Ellos / Ellas	ven

✔ TV를 보다 → ver la tele

TIP TV는 'la televisión'입니다. 그런데 일상 회화에서는 줄여서 'la tele'라고 많이 말합니다.

✔ 축구를 보다 → ver el fútbol

✔ 운동 → el ejercicio

✔ 하다 → hacer

[hacer 동사 현재시제 불규칙 변화]

hacer 하다	
Yo	**hago**
Tú	haces
Usted / Él / Ella	hace
Nosotros/as	hacemos
Vosotros/as	hacéis
Ustedes / Ellos / Ellas	hacen

❸ 오늘의 밑줄 긋기

◆ 왕초보 탈출 1탄에서 배웠던 표현 'encantado/a' 기억나시나요? 처음 만나는 사람에게 하는 인사 'encantado/a'는 '무척 즐거움을 주다'라는 뜻을 가진 encantar 동사에서 유래했습니다. 이번 강의에서 이 encantar 동사의 변화 형태 및 활용을 배워 보도록 하겠습니다.

STEP 2

오늘의 학습

오늘은 무엇을 배워 볼까요?

① 오늘의 핵심 포인트

이번 시간에는 '나는 여행을 좋아해'가 아닌 '나는 여행하는 것을 좋아해'를 말해 봅시다. '여행하는 것'을 말할 때에는 동사 원형을 활용하면 됩니다. 이 때 동사는 3인칭 단수 형태 'gusta'를 사용합니다.

TIP 동사 원형 자체가 '~하는 것'이라고 해석될 수 있다고 왕초보 1탄에서 학습했던 것 기억해 주세요!

✔ 나는 여행하는 것을 좋아한다 ➡ Me gusta viajar.

✔ 나는 멕시코를 여행하는 것을 좋아한다. ➡ Me gusta viajar por México.

✔ 나는 쉬는 것을 좋아한다. ➡ Me gusta descansar.

✔ 나는 집에서 쉬는 것을 좋아한다. ➡ Me gusta descansar en casa.

✔ 너는 여행하는 것을 좋아해? ➡ ¿Te gusta viajar?

✔ 응, 좋아해. ➡ Sí, me gusta.

✔ 아니, 안 좋아해. ➡ No, no me gusta.

✔ 너는 TV보는 것을 좋아해? ➡ ¿Te gusta ver la tele?

✔ 응, 좋아해. ➡ Sí, me gusta.

✔ 아니, 안 좋아해. ➡ No, no me gusta.

✔ 너는 축구 보는 것을 좋아해? → ¿Te gusta ver el fútbol?

✔ 너는 요가 하는 것을 좋아해? → ¿Te gusta hacer yoga?

✔ 너는 운동하는 것을 좋아해? → ¿Te gusta hacer ejercicio?

✔ 응, 좋아해. → Sí, me gusta.

✔ 아니, 안 좋아해. → No, no me gusta.

✔ 나는 여행하고 수영하는 것을 좋아해. → Me gusta viajar y nadar.

TIP 동사 원형이 주어로 올 경우, 두 개 이상이 오더라도 동사는 3인칭 단수 형태를 사용합니다.

② 간접목적격 대명사 '그에게 / 그녀에게 / 당신에게 / 그들에게 / 그녀들에게 /당신들에게'

이번에는 '그에게, 그녀에게, 당신에게' 등에 해당하는 간접목적격 대명사 형태를 확인하고 gustar 동사와 활용해 봅시다.

나에게	me	우리들에게	nos
너에게	te	너희들에게	os
그에게 그녀에게 당신에게	**le**	**그들에게 그녀들에게 당신들에게**	**les**

✔ 그는 여행하는 것을 좋아한다. → Le gusta viajar.

✔ 그녀는 커피 마시는 것을 좋아한다. → Le gusta tomar café.

✔ 그들은 여행하는 것을 좋아한다. → Les gusta viajar.

✔ 그녀들은 운동하는 것을 좋아해. → Les gusta hacer ejercicio.

❸ encantar 동사의 변화 형태 및 활용

encantar 동사는 gustar 동사보다 좋아함을 더 강조하는 표현입니다. 한국어로는 '정말 좋아하다'라고 해석하면 됩니다.

encantar 무척 즐거움을 주다	
Yo	encanto
Tú	encantas
Usted / Él / Ella	encanta
Nosotros/as	encantamos
Vosotros/as	encantáis
Ustedes / Ellos / Ellas	encantan

✔ 나는 여행하는 것을 정말 좋아한다. → Me encanta viajar.

✔ 나는 빠에야 먹는 것을 정말 좋아한다. → Me encanta comer paella.

✔ 나는 TV보는 것을 정말 좋아한다. → Me encanta ver la tele.

✔ 너는 커피 마시는 것을 좋아하니? → ¿Te gusta tomar café?

✔ 응, 많이 좋아해. → Sí, me gusta mucho.
= Sí, me encanta.

✔ 아니, 안 좋아해. → No, no me gusta.

✔ 너는 운동하는 것을 좋아하니? ➡ ¿Te gusta hacer ejercicio?

✔ 응, 정말 좋아해. ➡ Sí, me gusta mucho.
= Sí, me encanta.

✔ 아니, 안 좋아해. ➡ No, no me gusta.

✔ 너는 동물들을 좋아하니? ➡ ¿Te gustan los animales?

✔ 응, 많이 좋아해. ➡ Sí, me gustan mucho.
= Sí, me encantan.

✔ 아니, 안 좋아해. ➡ No, no me gustan.

따라 써 보기 | 한국어 해석을 보면서 스페인어를 써 보세요.

A 너는 여행하는 것을 좋아해? ¿Te gusta viajar?

아니, 안 좋아해. No, no me gusta. B

A 너는 커피 마시는 것을 좋아하니? ¿Te gusta tomar café?

응, 많이 좋아해. Sí, me gusta mucho. B

A 너는 동물들을 좋아하니? ¿Te gustan los animales?

아니, 안 좋아해. No, no me gustan. B

STEP 3 연습 문제

오늘 배운 내용을 완전히 내 것으로 만들어 봐요!

① 빈칸에 알맞은 동사를 적어 봅시다.

a. 나는 책 사는 것을 좋아한다. Me gusta ______ el libro.

b. 너는 요가 하는 것을 좋아한다. Te gusta ______ yoga.

c. 우리들은 TV 보는 것을 정말 좋아한다. Nos encanta ______ la televisión.

d. 나는 빠에야 먹는 것을 정말 좋아한다. Me encanta ______ paella.

② 틀린 부분을 찾아 올바른 표현으로 고쳐 봅시다.

보기

~~Me encantan viajar~~ → Me encanta viajar

~~Yo encanta el café~~ → Me encanta el café

a. Me encantan comer paella y tomar cerveza.

→ ______

b. Tu encanta viajar.

→ ______

c. Nos encantan cantar y bailar.

→ ______

d. ¿Les encanta los animales?

→ ______

③ 오늘 배운 표현들을 직접 작문해 봅시다.

a. 너는 축구 보는 것을 좋아하니?

→ ______

b. 응, (축구 보는 것을) 많이 좋아해.

➡ ______________________________

c. 그는 노래하는 것을 좋아해?

➡ ______________________________

d. 아니, (노래하는 것을) 좋아하지 않아.

➡ ______________________________

④ 제시된 단어를 이용해 직접 작문해 봅시다.

nadar 수영하다 | **ver la tele** 티비를 보다 | **béisbol** m. 야구 | **casa** f. 집

a. 그녀는 수영하는 것을 무척 좋아한다. ➡ ______________

b. 나는 TV 보는 것을 무척 좋아한다. ➡ ______________

c. 너는 야구 보는 것을 좋아하니? ➡ ______________

d. 우리들은 집에서 쉬는 것을 좋아한다. ➡ ______________

오늘 꼭 기억해 두어야 할 문장! 완전히 내 것으로 만들어 봐요.

① ¿Te gusta ver el fútbol?

② Sí, me gusta mucho. 또는 Sí, me encanta.

③ ¿(A él) le gusta cantar?

④ No, no le gusta.

정답

1 **a.** comprar / **b.** hacer / **c.** ver / **d.** comer

2 **a.** Me encanta comer paella y tomar cerveza. / **b.** Te encanta viajar. / **c.** Nos encanta cantar y bailar. / **d.** ¿Les encantan los animales?

3 **a.** ¿Te gusta ver el fútbol? / **b.** Sí, me gusta mucho. 또는 Sí, me encanta. / **c.** ¿(A él) le gusta cantar? / **d.** No, no le gusta.

4 **a.** (A ella) le encanta nadar. / **b.** Me encanta ver la tele. / **c.** ¿Te gusta ver el béisbol? / **d.** Nos gusta descansar en casa.

PARTE 8

주요 문장 한번 더 짚고 가기!

❶ ¿Esperas a 우빈?

❷ ¿Vas a comprar el coche?

❸ No, no voy a comprarlo. 또는 No, no lo voy a comprar.

❹ ¿Te gusta el viaje?

❺ Sí, me gusta mucho el viaje.

❻ ¿Te gustan las flores?

❼ Sí, me gustan las flores.

❽ ¿Te gusta ver el fútbol?

❾ Sí, me gusta mucho. 또는 Sí, me encanta.

❿ ¿(A él) le gusta cantar?

⓫ No, no le gusta.

스페인어를 사용하는 중남미 국가 8탄, **멕시코(México)**

▲ 과나후아토(Guanajuato)

위치 | 북아메리카 대륙 남부

시차 | 14시간 느림(한국 기준)

화폐 | 멕시코 페소(Peso Mexicano)

인구 | 1억 2,845만 명

수도 | 멕시코시티(Mexico City)

주요도시 | 과달라하라(Guadalajara), 푸에블라(Puebla), 칸쿤(Cancún)

특징 | 멕시코 곳곳에는 옛날 모습을 그대로 간직하고 있는 소도시들이 많이 남아 있습니다. 멕시코 정부는 더 많은 사람들이 매력적인 소도시를 방문할 수 있도록 이른바 '마법의 도시(Pueblos Mágicos)'를 발표했는데요. 이번에 소개할 곳은 마법의 도시 중 한 곳인 과나후아토(Guanajuato) 입니다. 과나후아토는 멕시코시티에서 차로 5~6시간 정도 떨어진 도시입니다. 디즈니 애니메이션 '코코(Coco)'의 배경이기도 한 과나후아토에는 알록달록한 집들이 많기 때문에 이 곳을 찾은 여행객들은 마치 동화 속 세상에 온 것 같은 착각을 하기도 한답니다. 또한 매일 저녁에는 오직 과나후아토에서만 즐길 수 있는 '카예호네아다(Callejoneada)'라는 투어도 있습니다. 이는 전통 의상을 입은 악단의 세레나데를 들으며 도시 곳곳을 걸어 다니는 투어로, 로맨틱한 노래를 들으면서 아름다운 야경을 즐길 수 있답니다. 동화 속 도시 같은 과나후아토에서 잊지 못할 추억을 한번 남겨 보는 건 어떨까요?

PARTE 09

기차가 몇 시에 도착하나요?

핵심 학습 시간 표현하기

12
9
3
6
Atocha station

Son las diez y veinte.

10시 20분입니다.

이번 시간에는 시간을 표현하는 방법을 배워 봅시다.

delicioso/a 맛있는 | **octubre** m. 10월 | **hora** f. 시간 | **cuarto** m. 4분의 1(15분) | **media** f. (시간에서 말하는) 반

STEP 1

지난 시간 복습

잠깐! 다시 떠올려 볼까요?

① gustar 동사 활용 심화

지난 시간에는 '나는 운동하는 것을 좋아해'와 같은 문장을 학습하였습니다.

- ✔ 너는 운동하는 것을 좋아해? ➡ ¿Te gusta hacer ejercicio?
- ✔ 응, 좋아해. ➡ Sí, me gusta.
- ✔ 아니, 안 좋아해. ➡ No, no me gusta.

② 간접목적격 대명사

'그에게 / 그녀에게 / 당신에게 / 그들에게 / 그녀들에게 / 당신들에게'에 해당하는 간접목적격 대명사를 gustar 동사와 활용해 보았습니다.

나에게	me	우리들에게	nos
너에게	te	너희들에게	os
그에게 그녀에게 당신에게	**le**	**그들에게 그녀들에게 당신들에게**	**les**

- ✔ 그들은 운동하는 것을 좋아하니? ➡ ¿Les gusta hacer ejercicio?
- ✔ 응, 좋아해. ➡ Sí, les gusta.
- ✔ 아니, 안 좋아해. ➡ No, no les gusta.

③ encantar 동사의 형태 및 활용

gustar 동사 대신에 encantar 동사를 사용하여 '정말 좋아한다'를 표현해 보았습니다.

encantar 무척 즐거움을 주다	
Yo	encanto
Tú	encantas
Usted / Él / Ella	encanta
Nosotros/as	encantamos
Vosotros/as	encantáis
Ustedes / Ellos / Ellas	encantan

✔ 너는 여행하는 것을 좋아해? ➡ ¿Te gusta viajar?

✔ 응, 많이 좋아해. ➡ Sí, me gusta mucho.
= Sí, me encanta.

✔ 아니, 안 좋아해. ➡ No, no me gusta.

④ 지난 강의 주요 표현

✔ 나는 TV를 좋아한다. ➡ Me gusta la tele.

✔ 너는 TV를 좋아한다. ➡ Te gusta la tele.

✔ 그는 / 그녀는 / 당신은 TV를 좋아한다. ➡ Le gusta la tele.

✔ 우리들은 TV를 좋아한다. ➡ Nos gusta la tele.

✔ 너희들은 TV를 좋아한다. ➡ Os gusta la tele.

✔ 그들은 / 그녀들은 / 당신들은 TV를 좋아한다 ➡ Les gusta la tele.

✔ 나는 여행하는 것을 좋아한다. ➡ Me gusta viajar.

✔ 그는 맥주 마시는 것을 좋아한다. ➡ Le gusta tomar cerveza.

✔ 그들은/그녀들은/당신들은 요가하는 것을 좋아한다. ➡ Les gusta hacer yoga.

✔ 나는 운동하는 것을 좋아한다. ➡ Me gusta hacer ejercicio.

✔ 나는 춤추고 노래하는 것을 정말 좋아한다. ➡ Me encanta bailar y cantar.

✔ 너는 TV 보는 것을 좋아하니? ➡ ¿Te gusta ver la tele?

✔ 응, 많이 좋아해. ➡ Sí, me gusta mucho.
= Sí, me encanta.

✔ 아니, 안 좋아해. ➡ No, no me gusta.

✔ 그녀는 운동하는 것을 좋아하니? ➡ ¿Le gusta hacer ejercicio?

✔ 응, 많이 좋아해. ➡ Sí, le gusta mucho.
= Sí, le encanta.

✔ 아니, 안 좋아해. ➡ No, no le gusta.

오늘도 하나씩 쌓아 가기!

오늘의 표현과 단어를 하나씩 쌓고, 오늘의 단어와 밑줄 포인트를 익혀 봅시다.

❶ 오늘의 표현

✔ 맛있다! ➡ ¡Qué delicioso!

TIP 맛있는 → delicioso/a

❷ 오늘의 단어

✔ 10월 ➡ octubre

✔ 시간 ➡ la hora

✔ 4분의 1(15분) ➡ cuarto

✔ (시간에서 말하는) 반 ➡ media

❸ 오늘의 밑줄 긋기

◆ 스페인어에서는 절반을 말할 때 'medio/a'라는 형용사를 사용합니다. 시간에서 '30분, 반'이라는 표현을 할 때 'media'를 쓰는데, 그 이유는 시간을 뜻하는 단어 'hora'가 여성 명사이기 때문에 성을 맞추어 표현하기 위해서입니다.

STEP 2

오늘의 학습

오늘은 무엇을 배워 볼까요?

❶ 오늘의 핵심 포인트

이번 시간에는 시간을 나타내는 표현에 대해서 배워 봅시다. 먼저 시간을 배우기에 앞서 숫자 1~69까지를 복습해 보겠습니다.

1	uno	14	catorce	27	veintisiete
2	dos	15	quince	28	veintiocho
3	tres	16	dieciséis	29	veintinueve
4	cuatro	17	diecisiete	30	**treinta**
5	cinco	18	dieciocho	31	treinta y uno
6	seis	19	diecinueve	40	**cuarenta**
7	siete	20	veinte	41	cuarenta y uno
8	ocho	21	veintiuno	50	**cincuenta**
9	nueve	22	veintidós	51	cincuenta y uno
10	diez	23	veintitrés	60	**sesenta**
11	once	24	veinticuatro	61	sesenta y uno
12	doce	25	veinticinco	62	sesenta y dos
13	trece	26	veintiséis	63	sesenta y tres

TIP 31부터는 '31 → treinta y uno / 32 → treinta y dos'와 같은 형태를 가집니다.

② 시간 말하기

스페인어로 시간은 'la hora'라 하고, '~시이다'라고 할 때에는 ser 동사를 활용합니다.

- ✔ 몇 시예요? ➡ ¿Qué hora es?
- ✔ 지금 몇 시예요? ➡ ¿Qué hora es ahora?

시간을 말할 때에는 필요한 장치가 있습니다. 그것은 바로 'la / las(여성 정관사)'입니다. **'la / las + 숫자'**의 형태로 시간을 표현해 봅시다.

- ✔ 1시예요. ➡ **Es** la una.

TIP 1시는 단수 취급을 하기 때문에 ser 동사의 'es' 형태를 사용합니다.

- ✔ 2시예요. ➡ **Son** las dos.
- ✔ 3시예요. ➡ **Son** las tres.
- ✔ 8시예요. ➡ **Son** las ocho.

[시간과 분을 함께 표현하기]

시간과 분을 함께 표현할 때는 접속사 'y'를 활용합니다.

- ✔ 1시 10분이에요. ➡ Es la una y diez.
- ✔ 1시 30분이에요. ➡ Es la una y treinta.
- ✔ 2시 20분이에요. ➡ Son las dos y veinte.
- ✔ 2시 25분이에요. ➡ Son las dos y veinticinco.

✔ 1시 반이야. ➡ Es la una y **media**.

✔ 2시 반이야. ➡ Son las dos y **media**.

✔ 3시 반이야. ➡ Son las tres y **media**.

TIP 'media' 대신 '30분'을 뜻하는 'treinta'를 사용해도 됩니다.

✔ 4시 5분이야. ➡ Son las cuatro y cinco.

✔ 11시 32분이야. ➡ Son las once y treinta y dos.

✔ 11시 반이야. ➡ Son las once y media.

✔ 3시 15분이야. ➡ Son las tres y quince.
= Son las tres y **cuarto**.

TIP 15분은 한 시간의 1/4입니다. 그래서 스페인어에서는 15분을 'cuarto(1/4)'로 대체하여 사용하기도 합니다. 'cuatro(4)'와 'cuarto(1/4)'는 비슷해서 헷갈리기 쉬우니 주의해 주세요.

✔ 10시 15분이야. ➡ Son las diez y cuarto.

✔ 4시 15분이야. ➡ Son las cuatro y cuarto.

따라 써 보기 | 한국어 해석을 보면서 스페인어를 써 보세요.

1 1 시예요.

Es la una.

2 2시 반이야.

Son las dos y media.

3 10시 15분이야.

Son las diez y cuarto.

STEP 3

연습 문제

오늘 배운 내용을 완전히 내 것으로 만들어 봐요!

❶ 다음 시간 표현에 알맞은 단어를 적어 봅시다.

a. 11시 10분이다. Son las ______ y ______.

b. 1시다. Es la ______.

c. 7시 40분이다. Son las ______ y ______.

d. 1시 20분이다. Es la ______ y ______.

❷ 다음 시간을 스페인어로 표현해 봅시다.

a. 03:37 ➡ ______

b. 01:24 ➡ ______

c. 12:01 ➡ ______

d. 05:30 ➡ ______

❸ 오늘 배운 표현들을 직접 작문해 봅시다.

a. 지금 몇 시야?

➡ ______

b. 1시 반이야.

➡ ______

c. 2시 반이야.

➡ ______________________________

d. 3시 15분이야.

➡ ______________________________

❹ 제시된 단어를 이용해 직접 작문해 봅시다.

hora f. 시간 | **cuarto** m. 4분의 1(15분) | **media** f. (시간에서 말하는) 반

a. 몇 시예요? ➡ ______________________________

b. 4시 15분이야. ➡ ______________________________

c. 1시 15분이야. ➡ ______________________________

d. 11시 30분이야. ➡ ______________________________

오늘 꼭 기억해 두어야 할 문장! 완전히 내 것으로 만들어 봐요.

❶ ¿Qué hora es ahora?

❷ Es la una y media. = Es la una y treinta.

❸ Son las dos y media. = Son las dos y treinta.

❹ Son las tres y quince. = Son las tres y cuarto.

정답

1 **a.** once, diez / **b.** una / **c.** siete, cuarenta / **d.** una, veinte

2 **a.** Son las tres y treinta y siete. / **b.** Es la una y veinticuatro. / **c.** Son las doce y uno. / **d.** Son las cinco y treinta. = Son las cinco y media.

3 **a.** ¿Qué hora es ahora? / **b.** Es la una y media. = Es la una y treinta. / **c.** Son las dos y media. = Son las dos y treinta. / **d.** Son las tres y quince. = Son las tres y cuarto.

4 **a.** ¿Qué hora es? / **b.** Son las cuatro y quince. = Son las cuatro y cuarto. / **c.** Es la una y quince. = Es la una y cuarto. / **d.** Son las once y treinta. = Son las once y media.

¿A qué hora llega el tren?

기차는 몇 시에 도착해요?

학습 목표 이번 시간에는 '기차는 10시에 도착한다'와 같은 표현을 배워 봅시다.

sabroso/a 맛있는 | **noviembre** m. 11월 | **tren** m. 기차 | **salir** 나가다, 출발하다 | **salir de** ~에서 나가다, ~로부터 출발하다 | **llegar** 도착하다 | **llegar a** ~에 도착하다

STEP 1

지난 시간 복습

잠깐! 다시 떠올려 볼까요?

❶ 시간 묻고 답하기

지난 시간에는 시간을 묻고 답하는 방법을 배웠습니다. 시간을 묻고 답할 때는 ser 동사를 사용하고, 시간은 'la / las + 숫자'의 형태를 가진다는 것이 중요합니다.

❷ 지난 강의 주요 표현

- ✔ 몇 시예요? → ¿Qué hora es?
- ✔ 1시예요. → Es la una.
- ✔ 5시예요. → Son las cinco.
- ✔ 10시예요. → Son las diez.

- ✔ 1시 반이에요. → Es la una y media.
- ✔ 2시 반이에요. → Son las dos y media.
- ✔ 3시 15분이에요. → Son las tres y quince.
  (= Son las tres y cuarto.)
- ✔ 1시 15분이에요. → Es la una y quince.
  (=Es la una y cuarto.)

오늘도 하나씩 쌓아 가기!

오늘의 표현과 단어를 하나씩 쌓고, 오늘의 단어와 밑줄 포인트를 익혀 봅시다.

① 오늘의 표현

✔ 맛있다! ➡ ¡Qué sabroso!

TIP 1. 맛있는, 맛이 좋은 → sabroso/a
2. '¡Qué rico!' 또는 '¡Qué delicioso!' 등도 '맛있다!'라는 표현으로 사용됩니다.

② 오늘의 단어

✔ 11월 ➡ noviembre

✔ 기차 ➡ el tren

✔ 나가다, 출발하다 ➡ salir

✔ ~에서 나가다 / ~로부터 출발하다 ➡ salir de ~

✔ 도착하다 ➡ llegar

✔ ~에 도착하다 ➡ llegar a ~

③ 오늘의 밑줄 긋기

◆ '나가다'라는 뜻의 'salir' 뒤에 전치사 'de'를 붙이면 '~에서 나가다'라는 방향을 나타내는 표현이 됩니다. 마찬가지로 '도착하다'라는 뜻의 'llegar'도 전치사 'a'를 붙여서 '~에 도착하다'라는 뜻을 나타낸다는 점, 반드시 기억해 주세요!

STEP 2 오늘의 학습

오늘은 무엇을 배워 볼까요?

① 오늘의 핵심 포인트

이번 시간에는 불규칙 동사인 salir 동사와 llegar 동사를 활용하여 다양한 시간 표현을 학습해 봅시다.

② salir 동사의 현재시제 불규칙 변화 형태 및 활용

salir 나가다, 출발하다	
Yo	**salgo**
Tú	sales
Usted / Él / Ella	sale
Nosotros/as	salimos
Vosotros/as	salís
Ustedes / Ellos / Ellas	salen

[나가다]

✔ 나는 집에서 나간다. → Salgo de casa.

✔ 너는 집에서 나간다. → Sales de casa.

✔ 당신은 집에서 나간다. → Usted sale de casa.

✔ 그는 집에서 나간다. → Él sale de casa.

✔ 그녀는 집에서 나간다. → Ella sale de casa.

✔ 우리들은 집에서 나간다. → Salimos de casa.

✔ 너희들은 집에서 나간다. → Salís de casa.

✔ 당신들은 집에서 나간다. → Ustedes salen de casa.

✔ 그들은 집에서 나간다. ➡ Ellos salen de casa.

✔ 그녀들은 집에서 나간다. ➡ Ellas salen de casa.

✔ 나는 **3시에** 집에서 나간다. ➡ Salgo de casa **a las tres**.

✔ 나는 **1시에** 집에서 나간다. ➡ Salgo de casa **a la una**.

✔ 나는 **8시에** 집에서 나간다. ➡ Salgo de casa **a las ocho**.

✔ 나는 **9시에** 집에서 나간다. ➡ Salgo de casa **a las nueve**.

✔ 나는 **12시에** 집에서 나간다. ➡ Salgo de casa **a las doce**.

TIP ~시에 = a + la / las + 숫자

✔ 너는 집에서 나가니? ➡ ¿Sales de casa?

✔ 너는 **몇 시에** 집에서 나가니? ➡ ¿**A qué hora** sales de casa?

✔ 나는 10시에 집에서 나가. ➡ Salgo de casa a las diez.

✔ 나는 3시 반에 집에서 나가. ➡ Salgo de casa a las tres y media.

✔ 나는 4시 15분에 집에서 나가. ➡ Salgo de casa a las cuatro y cuarto.

TIP '몇 시 = qué hora' 앞에 전치사 'a'를 붙이면 '몇 시에'가 됩니다.

[출발하다]

✔ 기차는 마드리드에서 출발한다. ➡ El tren sale de Madrid.

✔ 기차는 바르셀로나에서 출발한다. ➡ El tren sale de Barcelona.

✔ 기차는 서울에서 출발한다. ➡ El tren sale de Seúl.

- ✔ 기차는 **몇 시에** 출발하나요? → **¿A qué hora** sale el tren?
- ✔ 기차는 **5시에** 출발해요. → El tren sale **a las cinco**.
- ✔ 기차는 **8시에** 출발해요. → El tren sale **a las ocho**.
- ✔ 지하철은 **몇 시에** 출발하나요? → **¿A qué hora** sale el metro?
- ✔ 지하철은 **12시에** 출발해요. → El metro sale **a las doce**.
- ✔ 지하철은 **3시 반에** 출발해요. → El metro sale **a las tres y media**.

③ llegar 동사의 현재시제 규칙 변화 형태 및 활용

llegar 도착하다	
Yo	llego
Tú	llegas
Usted / Él / Ella	llega
Nosotros/as	llegamos
Vosotros/as	llegáis
Ustedes / Ellos / Ellas	llegan

- ✔ 나는 집에 도착한다. → Llego a casa.
- ✔ 너는 집에 도착한다. → Llegas a casa.
- ✔ 당신은 집에 도착한다. → Usted llega a casa.
- ✔ 그는 집에 도착한다. → Él llega a casa.
- ✔ 그녀는 집에 도착한다. → Ella llega a casa.

✔ 우리들은 집에 도착한다. → Llegamos a casa.

✔ 너희들은 집에 도착한다. → Llegáis a casa.

✔ 당신들은 집에 도착한다. → Ustedes llegan a casa.

✔ 그들은 집에 도착한다. → Ellos llegan a casa.

✔ 그녀들은 집에 도착한다. → Ellas llegan a casa.

✔ 너는 **몇 시에** 집에 도착하니? → **¿A qué hora** llegas a casa?

✔ 나는 **8시에** 집에 도착해. → Llego a casa **a las ocho**.

✔ 나는 10시에 집에 도착해. → Llego a casa a las diez.

✔ 나는 11시 반에 집에 도착해. → Llego a casa a las once y media.

✔ 나는 12시 15분에 집에 도착해. → Llego a casa a las doce y cuarto.

✔ 기차는 마드리드에 도착한다. → El tren llega a Madrid.

✔ 기차는 바르셀로나에 도착한다. → El tren llega a Barcelona.

✔ 기차는 서울에 도착한다. → El tren llega a Seúl.

✔ 기차는 **몇 시에** 도착하나요? → **¿A qué hora** llega el tren?

✔ 기차는 **2시에** 도착해요. → El tren llega **a las dos**.

✔ 기차는 12시에 도착해요. → El tren llega a las doce.

✔ 기차는 1시 15분에 도착해요. → El tren llega a la una y cuarto.

✔ 기차는 3시 40분에 도착해요. → El tren llega a las tres y cuarenta.

✔ 너는 **몇 시에** 밥 먹어? → **¿A qué hora** comes?

✔ 나는 **8시에** 밥 먹어. → Como **a las ocho**.

✔ 너는 **몇 시에** 영화관에 가니? → **¿A qué hora** vas al cine?

✔ 나는 **5시에** 영화관에 가. → Voy al cine **a las cinco**.

따라 써 보기 | 한국어 해석을 보면서 스페인어를 써 보세요.

1. 우리들은 집에서 나간다.

Salimos de casa.

2. 나는 3시에 집에서 나간다.

Yo salgo de casa a las tres.

3. 너는 몇 시에 집에서 나가니?

¿A qué hora sales de casa?

4. 기차는 마드리드에서 출발한다.

El tren sale de Madrid.

5. 기차는 8시에 출발해요.

El tren sale a las ocho.

6. 지하철은 몇 시에 출발하나요?

¿A qué hora sale el metro?

7. 나는 집에 도착한다.

Llego a casa.

STEP 3

연습 문제

오늘 배운 내용을 완전히 내 것으로 만들어 봐요!

❶ 인칭대명사에 따라 빈칸에 알맞은 salir 동사 변화를 적어 봅시다.

	salir
a. Yo	
b. Tú	
c. Usted / Él / Ella	
d. Nosotros/as	
e. Vosotros/as	
f. Ustedes / Ellos / Ellas	

❷ 나열된 단어를 순서대로 배열하여 문장을 만들어 봅시다.

a. 너는 몇 시에 집에 도착하니?
(a / llegas / hora / qué / casa / a)

➡ ____________________

b. 나는 11시에 집에 도착해.
(a / llego / a / once / las / casa)

➡ ____________________

c. 너는 몇 시에 영화관에 가니?
(a / vas / qué / hora / cine / al)

➡ ____________________

d. 나는 7시에 영화관에 가.
(cine / voy / a / siete / al / las)

➡ ____________________

❸ 오늘 배운 표현들을 직접 작문해 봅시다.

a. 기차는 몇 시에 출발하나요?

➡ ____________________

b. 기차는 9시에 출발해요.

➡ ______________________________

c. 기차는 몇 시에 도착하나요?

➡ ______________________________

d. 기차는 10시에 도착해요.

➡ ______________________________

❹ 제시된 단어를 이용해 직접 작문해 봅시다.

tren m. 기차 | **estación** f. 역 | **comer** 먹다

a. 기차는 마드리드에서 출발한다. ➡ ______________________________

b. 기차는 10시에 출발해요. ➡ ______________________________

c. 기차는 역에 도착한다. ➡ ______________________________

d. 나는 7시에 밥 먹어. ➡ ______________________________

오늘 꼭 기억해 두어야 할 문장! 완전히 내 것으로 만들어 봐요.

❶ **¿A qué hora sale el tren?**

❷ **(El tren) sale a las nueve.**

❸ **¿A qué hora llega el tren?**

❹ **(El tren) llega a las diez.**

정답

1 **a.** salgo / **b.** sales / **c.** sale / **d.** salimos / **e.** salís / **f.** salen

2 **a.** ¿A qué hora llegas a casa? / **b.** Llego a casa a las once. / **c.** ¿A qué hora vas al cine? /**d.** Voy al cine a las siete.

3 **a.** ¿A qué hora sale el tren? / **b.** (El tren) sale a las nueve. / **c.** ¿A qué hora llega el tren?/ **d.** (El tren) llega a las diez.

4 **a.** (El tren) sale de Madrid. / **b.** (El tren) sale a las diez. / **c.** (El tren) llega a la estación. / **d.** (Yo) como a las siete.

주요 문장 한번 더 짚고 가기!

1. ¿Qué hora es ahora?

2. Es la una y media. = Es la una y treinta.

3. Son las dos y media. = Son las dos y treinta

4. Son las tres y quince. = Son las tres y cuarto.

5. ¿A qué hora sale el tren?

6. (El tren) sale a las nueve.

7. ¿A qué hora llega el tren?

8. (El tren) llega a las diez.

스페인어를 사용하는 중남미 국가 9탄, 파나마(Panamá)

▲ 파나마 시티(Panama City)

위치 | 중앙아메리카 남부

시차 | 14시간 느림(한국 기준)

화폐 | 발보아(Balboa), 달러(USD)

인구 | 445만 명

수도 | 파나마 시티(Panama City)

주요도시 | 콜론(Colón), 다비드(David), 라 초레라(La Chorrera)

특징 | 중앙아메리카 대륙 끝자락에 위치한 파나마. 파나마는 지협을 끼고 있는 지리적 특징 때문에 옛날부터 '파나마 운하'로 알려져 있는 나라이기도 합니다. 이번 편에서 소개할 곳은 바로 파나마의 수도 '파나마 시티'입니다. 우선 파나마 시티는 약 118만 명의 사람들이 살고 있는 대도시입니다. 최근 파나마 시티는 '아메리카 대륙의 두바이'로 불리며 새로운 관광지로 주목 받고 있는데요. 그 이유는 많은 다국적 기업들이 파나마로 진출하면서 들어선 수많은 마천루가 아름다운 스카이라인을 형성하기 때문입니다. 파나마 시티를 여행한다면, 멋진 야경과 함께 남미 대륙에 위치한 현대적 도시의 매력을 느낄 수 있을 거예요.

PARTE 10

나는 멕시코에서 살 거야.

핵심 학습 미래시제 학습하기

Viviré en México.

나는 멕시코에서 살 것입니다.

이번 시간에는 단수 인칭에 따른 미래시제 규칙 형태에 대해 학습해 보겠습니다. 현재 시제와는 달리 미래시제는 규칙, 불규칙에 상관없이 변화 형태가 쉬운 편입니다. 미래 시제는 어떤 형태를 갖는지 배워 봅시다.

diciembre m. 12월 | **mañana** f. 아침 | **tarde** f. 오후 | **noche** f. 밤 | **mañana** f. 내일 | **ir al hospital** 병원에 가다

STEP 1

지난 시간 복습

잠깐! 다시 떠올려 볼까요?

① salir 동사와 llegar 동사의 활용

지난 시간에는 salir 동사, llegar 동사와 시간 표현을 활용하여 다양한 문장을 말해 보았습니다.

salir 나가다, 출발하다	
Yo	**salgo**
Tú	sales
Usted / Él / Ella	sale
Nosotros/as	salimos
Vosotros/as	salís
Ustedes / Ellos / Ellas	salen

llegar 도착하다	
Yo	llego
Tú	llegas
Usted / Él / Ella	llega
Nosotros/as	llegamos
Vosotros/as	llegáis
Ustedes / Ellos / Ellas	llegan

② 지난 강의 주요 표현

- ✔ 기차는 몇 시에 출발해요? ➡ ¿A qué hora sale el tren?
- ✔ 기차는 1시에 출발해요. ➡ El tren sale a la una.
- ✔ 기차는 10시 반에 출발해요. ➡ El tren sale a las diez y media.
- ✔ 기차는 4시 10분에 출발해요. ➡ El tren sale a las cuatro y diez.

✔ 기차는 몇 시에 도착해요? → ¿A qué hora llega el tren?

✔ 기차는 2시에 도착해요. → El tren llega a las dos.

✔ 기차는 5시 5분에 도착해요. → El tren llega a las cinco y cinco.

✔ 기차는 7시 15분에 도착해요. → El tren llega a las siete y cuarto.

❸ 오전, 오후, 밤

지난 강의에 배운 시간 표현에 오전, 오후, 밤을 사용하여 정확한 시점을 표현해 보겠습니다.

✔ **오전** 9시예요. → Son las nueve **de la mañana**.

✔ **오후** 3시예요. → Son las tres **de la tarde**.

✔ **밤** 11시예요. → Son las once **de la noche**.

TIP 1. 'mañana'가 명사로 쓰일 때는 '오전, 아침'을, 부사로 쓰일 때는 '내일'을 뜻합니다.
2. '오전 ~시, 오후 ~시, 밤 ~시'와 같이 시간을 나타낼 때에는 전치사 'de'를 활용합니다.

✔ 오전 7시예요. → Son las siete de la mañana.

✔ 오전 8시 반이에요. → Son las ocho y media de la mañana.

✔ 오전 10시 20분이에요. → Son las diez y veinte de la mañana.

✔ 오후 5시예요. → Son las cinco de la tarde.

✔ 오후 1시 15분이에요. → Es la una y cuarto de la tarde.

✔ 오후 4시예요. → Son las cuatro de la tarde.

✔ 밤 10시예요. → Son las diez de la noche.

✔ 밤 11시예요. → Son las once de la noche.

✔ 밤 12시 20분이에요. → Son las doce y veinte de la noche.

오늘도 하나씩 쌓아 가기!

오늘의 표현과 단어를 하나씩 쌓고, 오늘의 단어와 밑줄 포인트를 익혀 봅시다.

① 오늘의 표현

✔ 진짜 맛있다! → ¡Qué delicia!

TIP 'delicia'는 '기쁨, 환희'라는 뜻입니다. 음식을 맛보고 정말 맛있을 때 '진짜 맛있다!(¡Qué delicia!)'라고 사용될 수 있으며, 날씨가 정말 좋을 때에도 사용될 수 있습니다.

② 오늘의 단어

✔ 12월 → diciembre

✔ 오전 → la mañana

✔ 오후 → la tarde

✔ 밤 → la noche

✔ 내일 → mañana

✔ 병원에 가다 → ir al hospital

③ 오늘의 밑줄 긋기

◆ 오후를 뜻하는 'tarde'는 'buenas tardes'처럼 오후 인사를 말할 때 사용합니다. 또 'tarde'는 '오후'라는 뜻 외에 '늦은'이라는 뜻도 있으니 기억해 주세요.

Ej Él llega tarde. 그는 늦게 도착한다.

STEP 2

오늘의 학습

오늘은 무엇을 배워 볼까요?

① 오늘의 핵심 포인트

1탄에서 'ir + a + 동사 원형'을 사용하여 가까운 미래를 표현해 보았는데, 이번 시간에는 미래를 나타내는 또 다른 형태인 미래시제를 배워 보겠습니다. 'ir + a +동사 원형'은 가까운 미래를 말할 때 쓰이고, 미래시제는 조금 더 주어의 의지가 담긴 미래 형태라고 생각하시면 됩니다.

② 'yo'에 대한 미래시제 규칙 변화

'yo'에 대한 미래시제 규칙 변화 형태는 동사 원형에 **'-é'**를 붙이면 됩니다.

✔ 가다 → ir

✔ 나는 갈 것이다. → Ir**é**.

✔ 나는 집에 갈 것이다. → Ir**é** a casa.

✔ 나는 멕시코에 갈 것이다. → Ir**é** a México.

✔ 마시다 → tomar

✔ 나는 마실 것이다. → Tomar**é**.

✔ 나는 커피를 마실 것이다. → Tomar**é** café.

✔ 먹다 → comer

✔ 나는 먹을 것이다. → Comer**é**.

✔ 나는 타코를 먹을 것이다. → Comer**é** tacos.

✔ 살다 → vivir.

✔ 나는 살 것이다. → Vivir**é**.

✔ 나는 멕시코에서 살 것이다. → Vivir**é** en México.

✔ 보다 ➡ ver

✔ 나는 볼 것이다. ➡ Ver**é**.

✔ 나는 TV를 볼 것이다. ➡ Ver**é** la tele.

✔ 나는 축구를 볼 것이다. ➡ Ver**é** el fútbol.

✔ 있다 ➡ estar

✔ 나는 있을 것이다. ➡ Estar**é**.

✔ 나는 여기 있을 것이다. ➡ Estar**é** aquí.

✔ 나는 집에 있을 것이다. ➡ Estar**é** en casa.

✔ 공부하다 ➡ estudiar

✔ 나는 공부할 것이다. ➡ Estudiar**é**.

✔ 나는 스페인어를 공부할 것이다. ➡ Estudiar**é** español.

✔ 나는 일본어를 공부할 것이다. ➡ Estudiar**é** japonés.

✔ 내일 나는 영화관에 갈 것이다. ➡ Mañana ir**é** al cine.
(=Ir**é** al cine mañana.)

✔ 내일 나는 TV를 볼 것이다. ➡ Mañana ver**é** la tele.
(=Ver**é** la tele mañana.)

✔ 내일 나는 축구를 볼 것이다. ➡ Mañana ver**é** el fútbol.
(=Ver**é** el fútbol mañana.)

③ 'tú'에 대한 미래시제 규칙 변화

'tú'에 대한 미래시제 규칙 변화 형태는 동사 원형에 **'-ás'**를 붙이면 됩니다.

✔ 너는 갈 거야? ➡ ¿Ir**ás**?

✔ 너는 스페인에 갈 거야? ➡ ¿Ir**ás** a España?

✔ 너는 마실 거야? → ¿Tomar**ás**?

✔ 너는 떼낄라를 마실 거야? → ¿Tomar**ás** tequila?

✔ 너는 지하철을 탈 거야? → ¿Tomar**ás** el metro?

✔ 너는 먹을 거야? → ¿Comer**ás**?

✔ 너는 타코를 먹을 거야? → ¿Comer**ás** tacos?

✔ 너는 살 거야? → ¿Vivir**ás**?

✔ 너는 멕시코에서 살 거야? → ¿Vivir**ás** en México?

✔ 너는 볼 거야? → ¿Ver**ás**?

✔ 너는 축구를 볼 거야? → ¿Ver**ás** el fútbol?

✔ 너는 여기에 있을 거야? → ¿Estar**ás** aquí?

✔ 너는 내일 여기에 있을 거야? → ¿Mañana estar**ás** aquí?
= ¿Estar**ás** aquí mañana?

TIP 부사로 쓰인 'mañana'는 문장의 가장 뒤에 붙어도 자연스러운 표현이 됩니다.

4 'Usted', 'Él', 'Ella'에 대한 미래시제 규칙 변화

'Usted', 'Él', 'Ella'에 대한 미래시제 규칙 변화 형태는 동사 원형에 **'–á'**를 붙이면 됩니다. '당신은 ~할 거예요?' 문장을 중심으로 연습해 봅시다. 이 때 'Usted'는 생략하도록 하겠습니다.

✔ 당신은 갈 거예요? → ¿Ir**á**?

✔ 당신은 한국에 갈 거예요? → ¿Ir**á** a Corea?

✔ 당신은 미국에 갈 거예요? → ¿Ir**á** a Estados Unidos?

- ✔ 마실 거예요? → ¿Tomar**á**?
- ✔ 당신은 커피를 마실 거예요? → ¿Tomar**á** café?
- ✔ 당신은 떼낄라를 마실 거예요? → ¿Tomar**á** tequila?

- ✔ 당신은 먹을 거예요? → ¿Comer**á**?
- ✔ 당신은 빠에야를 먹을 거예요? → ¿Comer**á** paella?
- ✔ 당신은 해산물을 먹을 거예요? → ¿Comer**á** mariscos?

- ✔ 당신은 살 거예요? → ¿Vivir**á**?
- ✔ 당신은 아르헨티나에서 살 거예요? → ¿Vivir**á** en Argentina?
- ✔ 당신은 칠레에서 살 거예요? → ¿Vivir**á** en Chile?

⑤ 단수 인칭에 따른 미래시제 규칙 변화 정리

단수 인칭에 따른 미래시제 규칙 변화를 정리하면 다음과 같습니다.

Yo	동사 원형 + (ir, tomar…)	-é
Tú		-ás
Usted / Él / Ella		-á

- ✔ 너는 스페인에 갈 거야? → ¿Irás a España?
- ✔ 당신은 스페인에 갈 거예요? → ¿Irá a España?
- ✔ 네, 저는 스페인에 갈 거예요. → Sí, iré a España.
- ✔ 아니요, 저는 스페인에 안 갈 거예요. → No, no iré a España.

- ✔ 너는 지하철을 탈 거야? → ¿Tomarás el metro?
- ✔ 당신은 지하철을 탈 거예요? → ¿Tomará el metro?
- ✔ 네, 저는 지하철을 탈 거예요. → Sí, tomaré el metro.
- ✔ 아니요, 저는 지하철을 안 탈 거예요. → No, no tomaré el metro.

STEP 3

연습 문제

오늘 배운 내용을 완전히 내 것으로 만들어 봐요!

❶ 인칭대명사에 따라 ir 동사의 미래형을 적어 봅시다.

	ir
a. Yo	
b. Tú	
c. Usted / Él / Ella	

❷ 빈칸에 알맞은 동사 변화를 적어 봅시다.

a. 나는 커피를 마실 것이다. ______ café.

b. 너는 멕시코에서 살 거야? ¿______ en México?

c. 당신은 해산물을 먹을 거예요? ¿______ mariscos?

d. 당신은 칠레에서 살 거예요? ¿______ en Chile?

❸ 오늘 배운 표현들을 직접 작문해 봅시다.

a. 너는 멕시코에서 살 거야?

➡ ______

b. 응, 난 멕시코에서 살 거야.

➡ ______

c. 당신은 쿠바에 갈 거예요?

➡ ______

d. 아니요, 저는 쿠바에 가지 않을 거예요.

➡ ______

❹ 제시된 단어를 이용해 직접 작문해 봅시다.

mañana f. 내일 | **Estados Unidos** m. 미국 | **metro** m. 지하철 | **paella** f. 빠에야

a. 너는 내일 여기에 있을 거야?

➡ ______________________________

b. 나는 미국에 갈 거야.

➡ ______________________________

c. 나는 지하철을 탈 거야.

➡ ______________________________

d. 당신은 빠에야를 먹을 거예요?

➡ ______________________________

오늘 꼭 기억해 두어야 할 문장! 완전히 내 것으로 만들어 봐요.

❶ ¿Vivirás en México?

❷ Sí, viviré en México.

❸ ¿Irá a Cuba?

❹ No, no iré a Cuba.

정답

1 **a.** iré / **b.** irás / **c.** irá

2 **a.** Tomaré / **b.** Vivirás / **c.** Comerá / **d.** Vivirá

3 **a.** ¿Vivirás en México? / **b.** Sí, viviré en México. / **c.** ¿Irá a Cuba? / **d.** No, no iré a Cuba.

4 **a.** ¿Mañana estarás aquí? = ¿Estarás aquí mañana? / **b.** Iré a Estados Unidos. / **c.** Tomaré el metro. / **d.** ¿Comerá paella?

Iremos a Argentina.

우리들은 아르헨티나에 갈 것입니다.

이번 강의에서는 복수 인칭에 따른 미래시제 규칙 변화 형태를 학습해 보겠습니다.

setenta m. 70 | **paella** f. 빠에야

STEP 1

지난 시간 복습

잠깐! 다시 떠올려 볼까요?

① 단수 인칭에 따른 미래시제 규칙 변화

지난 시간에는 단수 인칭에 따른 미래시제 규칙 변화에 대해서 살펴보았습니다. 미래시제는 동사 원형에 인칭에 맞는 어미를 붙여서 표현하였습니다.

Yo	**동사 원형 + (ir, tomar…)**	-é
Tú		-ás
Usted / Él / Ella		-á

	ir (가다 → 갈 것이다)	**tomar** (마시다 → 마실 것이다) (타다 → 탈 것이다)
Yo	**iré**	tomar**é**
Tú	**irás**	tomar**ás**
Usted / Él / Ella	**irá**	tomar**á**

② 지난 강의 주요 표현

- ✔ 너는 기차를 탈 거야? → ¿Tomarás el tren?
- ✔ 당신은 기차를 탈 거예요? → ¿Tomará el tren?
- ✔ 네, 저는 기차를 탈 거예요. → Sí, tomaré el tren.
- ✔ 아니요, 저는 기차를 안 탈 거예요. → No, no tomaré el tren.

- ✔ 너는 스페인을 여행할 거야? → ¿Viajarás por España?
- ✔ 당신은 스페인을 여행할 거예요? → ¿Viajará por España?
- ✔ 네, 저는 스페인을 여행할 거예요. → Sí, viajaré por España.
- ✔ 아니요, 저는 스페인을 여행 안 할 거예요. → No, no viajaré por España.

오늘도 하나씩 쌓아 가기!

오늘의 표현과 단어를 하나씩 쌓고, 오늘의 단어와 밑줄 포인트를 익혀 봅시다.

① 오늘의 표현

- ✔ (식당에서) 소스 좀 더 주시겠어요? → ¿Me da más salsa, por favor?
- ✔ (식당에서) 물 좀 더 주시겠어요? → ¿Me da más agua, por favor?

② 오늘의 단어

- ✔ 70 → setenta
- ✔ 71 → setenta y uno
- ✔ 72 → setenta y dos
- ✔ 73 → setenta y tres
- ✔ 74 → setenta y cuatro
- ✔ 75 → setenta y cinco
- ✔ 76 → setenta y seis
- ✔ 77 → setenta y siete
- ✔ 78 → setenta y ocho
- ✔ 79 → setenta y nueve

③ 오늘의 밑줄 긋기

◆ 식당에서 부탁을 할 때, 'Me da más salsa' 혹은 'Me da más agua'라고 할 수 있지만, 뒤에 'por favor'를 붙이면 조금 더 공손하게 표현할 수 있습니다. 이 점 기억해 주세요!

STEP 2

오늘의 학습

오늘은 무엇을 배워 볼까요?

❶ 오늘의 핵심 포인트

이번 시간에는 복수 인칭에 따른 미래시제 규칙 변화 형태를 알아봅시다. ir 동사로 예를 들어 변화 형태에 익숙해진 후, 활용 문장까지 연습해 봅시다.

ir 가다 → 갈 것이다	
Nosotros/as	ir**emos**
Vosotros/as	ir**éis**
Ustedes / Ellos / Ellas	ir**án**

✔ 너희들은 박물관에 갈 거야? → ¿Iréis al museo?

✔ 당신들은 박물관에 갈 거예요? → ¿Irán al museo?

✔ 네, 우리들은 박물관에 갈 거예요. → Sí, iremos al museo.

✔ 아니요, 우리들은 박물관에 안 갈 거예요. → No, no iremos al museo.

✔ 너희들은 스페인에 갈 거야? → ¿Iréis a España?

✔ 당신들은 스페인에 갈 거예요? → ¿Irán a España?

✔ 네, 우리들은 스페인에 갈 거예요. → Sí, iremos a España.

✔ 아니요, 우리들은 스페인에 안 갈 거예요. → No, no iremos a España.

② 미래시제 규칙 변화 형태 정리

미래시제 규칙 변화 형태를 다양한 동사에 적용하여 연습해 봅시다. 큰 소리로 읽어 주세요.

Yo	-é
Tú	-ás
Usted / Él / Ella	-á
Nosotros/as	-emos
Vosotros/as	-éis
Ustedes / Ellos / Ellas	-án

ir 가다 → 갈 것이다	
Yo	ir**é**
Tú	ir**ás**
Usted / Él / Ella	ir**á**
Nosotros/as	ir**emos**
Vosotros/as	ir**éis**
Ustedes / Ellos / Ellas	ir**án**

tomar 마시다 → 마실 것이다	
Yo	tomar**é**
Tú	tomar**ás**
Usted / Él / Ella	tomar**á**
Nosotros/as	tomar**emos**
Vosotros/as	tomar**éis**
Ustedes / Ellos / Ellas	tomar**án**

comer 먹다 → 먹을 것이다	
Yo	comer**é**
Tú	comer**ás**
Usted / Él / Ella	comer**á**
Nosotros/as	comer**emos**
Vosotros/as	comer**éis**
Ustedes / Ellos / Ellas	comer**án**

estudiar 공부하다 → 공부할 것이다	
Yo	estudiar**é**
Tú	estudiar**ás**
Usted / Él / Ella	estudiar**á**
Nosotros/as	estudiar**emos**
Vosotros/as	estudiar**éis**
Ustedes / Ellos / Ellas	estudiar**án**

③ 미래시제를 활용한 문장

✔ 나는 스페인에 갈 것이다. 왜냐하면 나는 스페인어를 배우고 싶기 때문이다.

→ Iré a España porque quiero aprender español.

✔ 나는 스페인에 갈 것이다. 왜냐하면 나는 스페인이 좋기 때문이다.

→ Iré a España porque me gusta España.

✔ 나는 아르헨티나에 갈 것이다. 왜냐하면 탱고 배우는 것을 좋아하기 때문이다.

→ Iré a Argentina porque me gusta aprender tango.

✔ 나는 열심히 공부할 것이다. 왜냐하면 나는 (남자) 의사가 되고 싶기 때문이다.

→ Estudiaré mucho porque quiero ser médico.

STEP 3

연습 문제

오늘 배운 내용을 완전히 내 것으로 만들어 봐요!

❶ 인칭대명사에 따라 tomar 동사의 미래형을 적어 봅시다.

	tomar
a. Yo	
b. Tú	
c. Usted / Él / Ella	
d. Nosotros/as	
e. Vosotros/as	
f. Ustedes / Ellos / Ellas	

❷ 나열된 단어를 순서대로 배열하여 문장을 만들어 봅시다.

a. 나는 스페인에 갈 것이다. 왜냐하면 나는 스페인이 좋기 때문이다.
(España / a / porque / gusta / me / iré / España)

➡ ______________________________

b. 당신들은 박물관에 갈 거예요?
(irán / museo / al)

➡ ______________________________

c. 아니요. 우리들은 스페인에 안 갈 거예요.
(iremos / no / a / no / España)

➡ ______________________________

❸ 오늘 배운 표현들을 직접 작문해 봅시다.

a. 너희들은 멕시코에 갈 거야?

➡ ______________________________

b. 당신들은 멕시코에 갈 거예요?

➡ ______________________________

c. 네, 우리들은 멕시코에 갈 거예요.

➡ ______

d. 나는 아르헨티나에 갈 거야. 왜냐하면 나는 탱고를 추는 것을 좋아하거든.

➡ ______

④ 제시된 단어를 이용해 직접 작문해 봅시다.

Corea f. 한국 | **paella** f. 빠에야

a. 너는 한국에 갈 거야?

➡ ______

b. 응, 나는 한국에 갈 거야.

➡ ______

c. 너는 빠에야를 먹을 거야?

➡ ______

d. 응, 나는 빠에야를 먹을 거야.

➡ ______

오늘 꼭 기억해 두어야 할 문장! 완전히 내 것으로 만들어 봐요.

① **¿Iréis a México?**

② **¿(Ustedes) irán a México?**

③ **Sí, iremos a México.**

④ **Iré a Argentina porque me gusta bailar tango.**

정답

1 a. tomaré / b. tomarás / c. tomará / d. tomaremos / e. tomaréis / f. tomarán

2 a. Iré a España porque me gusta España. / b. ¿Irán al museo? / c. No, no iremos a España.

3 a. ¿Iréis a México? / b. ¿(Ustedes) irán a México? / c. Sí, iremos a México. / d. Iré a Argentina porque me gusta bailar tango.

4 a. ¿Irás a Corea? / b. Sí, iré a Corea. / c. Comerás paella? / d. Sí, comeré paella.

Si trabajas mucho, podrás vivir felizmente.

네가 열심히 일한다면, 너는 행복하게 살 수 있을 거야.

이번 시간에는 미래시제 불규칙 변화 형태를 배워 봅시다.

cuenta f. 계산서 | **ochenta** m. 80 | **ochenta y uno** m. 81 | **comprar** 사다 | **salir** 나가다, 출발하다

STEP 1

지난 시간 복습

잠깐! 다시 떠올려 볼까요?

❶ 미래시제 규칙 변화 형태

Yo	동사 원형 + (ir, tomar…)	-é
Tú		-ás
Usted / Él / Ella		-á
Nosotros/as		-emos
Vosotros/as		-éis
Ustedes / Ellos / Ellas		-án

ir 가다 → 갈 것이다	
Yo	ir**é**
Tú	ir**ás**
Usted / Él / Ella	ir**á**
Nosotros/as	ir**emos**
Vosotros/as	ir**éis**
Ustedes / Ellos / Ellas	ir**án**

❷ 지난 강의 주요 표현

- ✔ 너희들은 쿠바에 갈 거야? → ¿Iréis a Cuba?
- ✔ 당신들은 쿠바에 갈 거예요? → ¿Irán a Cuba?
- ✔ 네, 우리들은 쿠바에 갈 거예요. → Sí, iremos a Cuba.
- ✔ 아니요, 우리들은 쿠바에 안 갈 거예요. → No, no iremos a Cuba.

③ ser 동사의 미래시제

ser 동사의 미래시제 규칙 변화 형태를 확인해 봅시다.

ser ~이다 → 일 것이다	
Yo	ser**é**
Tú	ser**ás**
Usted / Él / Ella	ser**á**
Nosotros/as	ser**emos**
Vosotros/as	ser**éis**
Ustedes / Ellos / Ellas	ser**án**

ser 동사는 '~이다' 혹은 '~되다'의 뜻을 가집니다. 그렇기 때문에 ser 동사를 미래시제로 활용할 때에는 '~일 것이다' 혹은 '~가 될 것이다'라고 해석할 수 있습니다. '~일 것이다'로 쓰일 경우, 한국어 해석에서도 알 수 있듯이 추측의 의미로 사용 가능합니다.

✔ 1시야. ➡ Es la una.

✔ 1시일 거야. ➡ **Será** la una.

✔ 2시야. ➡ Son las dos.

✔ 2시일 거야. ➡ **Serán** las dos.

✔ 밤 10시야. ➡ Son las diez de la noche.

✔ 밤 10시일 거야. ➡ **Serán** las diez de la noche.

오늘도 하나씩 쌓아 가기!

오늘의 표현과 단어를 하나씩 쌓고, 오늘의 단어와 밑줄 포인트를 익혀 봅시다.

❶ 오늘의 표현

✔ 계산서 주세요. ➡ La cuenta, por favor.

TIP 계산서 → la cuenta

❷ 오늘의 단어

✔ 80 ➡ ochenta

✔ 81 ➡ ochenta y uno

✔ 사다, 구매하다 ➡ comprar

✔ 나가다, 출발하다 ➡ salir

✔ 도착하다 ➡ llegar

❸ 오늘의 밑줄 긋기

◆ '계산서'는 스페인어로 'cuenta'라고 표현합니다. 어미가 '-a'로 끝나기 때문에 여성 명사인데요. 이에 반해 남성 명사 'cuento'는 완전히 다른 의미로 '이야기'라는 뜻을 갖습니다. 비슷하게 생긴 단어지만 남성 명사와 여성 명사의 의미가 서로 현저히 다르다는 점, 기억해 주세요!

STEP 2

오늘의 학습

오늘은 무엇을 배워 볼까요?

① 오늘의 핵심 포인트

이번 시간에는 미래시제일 때 불규칙 형태를 가지는 동사들을 배워 봅시다. 대표적으로 poder 동사와 salir 동사가 있습니다.

② poder 동사

poder에서 '-e'를 탈락시켜 'podr-'만 남기고 미래시제를 나타내는 어미를 붙여 줍니다.

poder 할 수 있다 → 할 수 있을 것이다, 할 수 있을 거야	
Yo	po**dré**
Tú	po**drás**
Usted / Él / Ella	po**drá**
Nosotros/as	po**dremos**
Vosotros/as	po**dréis**
Ustedes / Ellos / Ellas	po**drán**

✔ 나는 갈 수 있을 것이다. → Podré ir.

✔ 너는 갈 수 있을 것이다. → Podrás ir.

✔ 당신은 갈 수 있을 것이다. → Usted podrá ir.

✔ 그는 갈 수 있을 것이다. → Él podrá ir.

✔ 그녀는 갈 수 있을 것이다. → Ella podrá ir.

✔ 우리들은 갈 수 있을 것이다. → Podremos ir.

✔ 너희들은 갈 수 있을 것이다. → Podréis ir.

✔ 당신들은 갈 수 있을 것이다. → Ustedes podrán ir.

✔ 그들은 갈 수 있을 것이다. → Ellos podrán ir.

✔ 그녀들은 갈 수 있을 것이다. → Ellas podrán ir.

✔ 나는 살 수 있을 것이다. → Podré comprar.

✔ 너는 살 수 있을 것이다. → Podrás comprar.

✔ 당신은 살 수 있을 것이다. → Usted podrá comprar.

✔ 그는 살 수 있을 것이다. → Él podrá comprar.

✔ 그녀는 살 수 있을 것이다. → Ella podrá comprar.

✔ 우리들은 도착할 수 있을 것이다. → Podremos llegar.

✔ 너희들은 도착할 수 있을 것이다. → Podréis llegar.

✔ 당신들은 도착할 수 있을 것이다. → Ustedes podrán llegar.

✔ 그들은 도착할 수 있을 것이다. → Ellos podrán llegar.

✔ 그녀들은 도착할 수 있을 것이다. → Ellas podrán llegar.

✔ 네가 시원스쿨에 간다면, 너는 스페인어를 배울 수 있을 거야.

→ Si vas a 시원스쿨, podrás aprender español.

✔ 네가 스페인에 간다면, 너는 스페인어를 배울 수 있을 거야.

→ Si vas a España, podrás aprender español.

✔ 네가 열심히 일한다면, 너는 많은 돈을 벌 수 있을 거야.

→ Si trabajas mucho, podrás ganar mucho dinero.

③ salir 동사

salir를 'saldr-'로 변형시켜서 미래시제를 나타내는 어미를 붙여 줍니다.

salir 나가다 → 나갈 것이다 / 출발하다 → 출발할 것이다	
Yo	sal**dré**
Tú	sal**drás**
Usted / Él / Ella	sal**drá**
Nosotros/as	sal**dremos**
Vosotros/as	sal**dréis**
Ustedes / Ellos / Ellas	sal**drán**

✔ 나는 5시에 나갈 것이다. → Saldré a las cinco.

✔ 너는 5시에 나갈 것이다. → Saldrás a las cinco.

✔ 당신은 5시에 나갈 것이다. → Usted saldrá a las cinco.

✔ 그는 5시에 나갈 것이다. → Él saldrá a las cinco.

✔ 그녀는 5시에 나갈 것이다. → Ella saldrá a las cinco.

✔ 우리들은 8시에 나갈 것이다. → Saldremos a las ocho.

✔ 너희들은 8시에 나갈 것이다. → Saldréis a las ocho.

✔ 당신들은 8시에 나갈 것이다. → Ustedes saldrán a las ocho.

✔ 그들은 8시에 나갈 것이다. → Ellos saldrán a las ocho.

✔ 그녀들은 8시에 나갈 것이다. → Ellas saldrán a las ocho.

✔ 기차는 몇 시에 출발할 건가요? → ¿A qué hora saldrá el tren?

✔ 기차는 2시에 출발할 거예요. → El tren saldrá a las dos.

④ 미래시제 불규칙 동사 정리 - poder 동사, salir 동사

	poder	salir
Yo	po**dré**	sal**dré**
Tú	po**drás**	sal**drás**
Usted / Él / Ella	po**drá**	sal**drá**
Nosotros/as	po**dremos**	sal**dremos**
Vosotros/as	po**dréis**	sal**dréis**
Ustedes / Ellos / Ellas	po**drán**	sal**drán**

✔ 네가 열심히 일한다면, 너는 행복하게 살 수 있을 거야.

→ Si trabajas mucho, podrás vivir felizmente.

✔ 너는 몇 시에 나갈 거야? → ¿A qué hora saldrás?

✔ 나는 10시에 나갈 거야. → Saldré a las diez.

따라 써 보기 | 한국어 해석을 보면서 스페인어를 써 보세요.

1. 당신은 갈 수 있을 것이다.

   Usted podrá ir.

2. 우리들은 갈 수 있을 것이다.

   Podremos ir.

3. 그녀들은 8시에 나갈 것이다.

   Ellas saldrán a las ocho.

4. 너는 몇 시에 나갈 거야?

   ¿A qué hora saldrás?

STEP 3

연습 문제

오늘 배운 내용을 완전히 내 것으로 만들어 봐요!

❶ 인칭대명사에 따라 빈칸에 알맞은 poder 동사의 미래형을 적어 봅시다.

	poder
a. Yo	
b. Tú	
c. Usted / Él / Ella	
d. Nosotros/as	
e. Vosotros/as	
f. Ustedes / Ellos / Ellas	

❷ 나열된 단어를 순서대로 배열하여 문장을 만들어 봅시다.

a. 그녀는 8시에 나갈 것이다.
(saldrá / ella / las / ocho / a)

➡ ______________________

b. 너는 쿠바에 갈 수 있을 것이다.
(Cuba / podrás / a / ir)

➡ ______________________

c. 네가 열심히 일한다면, 너는 많은 돈을 벌 수 있을 거야.
(mucho / podrás / dinero / mucho / trabajas / si / ganar)

➡ ______________________

d. 기차는 몇 시에 출발할 건가요?
(tren / a / saldrá / el / hora / qué)

➡ ______________________

❸ 오늘 배운 표현들을 직접 작문해 봅시다.

a. 네가 열심히 일한다면, 너는 행복하게 살 수 있을 것이다.

➡ ______________________

b. 너는 몇 시에 나갈 거야?

➡ ______________________________

c. 나는 밤 11시에 집에서 나갈 거야.

➡ ______________________________

❹ 제시된 단어를 이용해 직접 작문해 봅시다.

autobús m. 버스 | **coche** m. 자동차 | **Europa** f. 유럽 | **aquí** 여기

a. 버스는 몇 시에 출발할 건가요?

➡ ______________________________

b. 너는 그 자동차를 살 수 있을 것이다.

➡ ______________________________

c. 네가 돈을 많이 번다면, 너는 유럽을 여행할 수 있을 것이다.

➡ ______________________________

d. 그들은 2시에 여기에서 나갈 것이다.

➡ ______________________________

오늘 꼭 기억해 두어야 할 문장! 완전히 내 것으로 만들어 봐요.

❶ **Si trabajas mucho, podrás vivir felizmente.**

❷ **¿A qué hora saldrás?**

❸ **Saldré de casa a las once de la noche.**

정답

1 **a.** podré / **b.** podrás / **c.** podrá / **d.** podremos / **e.** podréis / **f.** podrán

2 **a.** Ella saldrá a las ocho. / **b.** Podrás ir a Cuba. / **c.** Si trabajas mucho, podrás ganar mucho dinero. / **d.** ¿A qué hora saldrá el tren?

3 **a.** Si trabajas mucho, podrás vivir felizmente. / **b.** ¿A qué hora saldrás? / **c.** Saldré de casa a las once de la noche.

4 **a.** ¿A qué hora saldrá el autobús? / **b.** (Tú) podrás comprar el coche. / **c.** Si ganas mucho dinero, podrás viajar por Europa. / **d.** Ellos saldrán de aquí a las dos.

Yessi tendrá veinte años.

Yessi는 20살일 것입니다.

지난 시간에 이어 미래시제 불규칙동사를 배워 보고, 추측의 의미로 사용되는 미래시제 쓰임을 학습해 봅시다.

noventa m. 90 | **noventa y uno** m. 91 | **avión** m. 비행기 | **novio** m. 남자 친구 | **novia** f. 여자 친구 | **hacer paella** 빠에야를 만들다 | **hacer café** 커피를 만들다 | **pan** m. 빵 | **hacer pan** 빵을 만들다

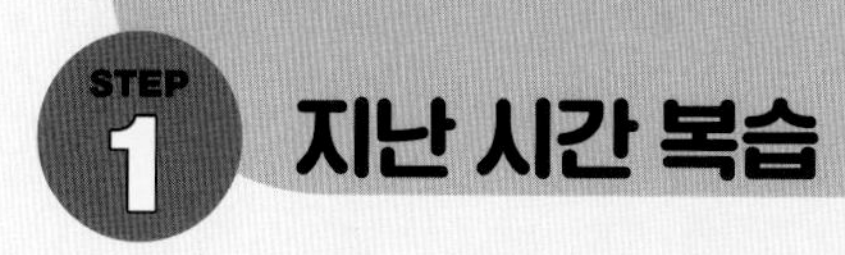

지난 시간 복습

잠깐! 다시 떠올려 볼까요?

❶ 미래시제 불규칙 동사 - poder 동사와 salir 동사

[poder 동사]

poder 할 수 있다 → 할 수 있을 것이다, 할 수 있을 거야	
Yo	po**dré**
Tú	po**drás**
Usted / Él / Ella	po**drá**
Nosotros/as	po**dremos**
Vosotros/as	po**dréis**
Ustedes / Ellos / Ellas	po**drán**

[salir 동사]

salir 나가다 → 나갈 것이다 / 출발하다 → 출발할 것이다	
Yo	sal**dré**
Tú	sal**drás**
Usted / Él / Ella	sal**drá**
Nosotros/as	sal**dremos**
Vosotros/as	sal**dréis**
Ustedes / Ellos / Ellas	sal**drán**

❷ 지난 강의 주요 표현

✔ 네가 많은 돈을 번다면, 너는 쿠바 여행을 할 수 있을 거야.

→ Si ganas mucho dinero, podrás viajar por Cuba.

✔ 네가 멕시코에 간다면, 너는 pozole를 먹을 수 있을 거야.

→ Si vas a México, podrás comer pozole.

- ✔ 너 몇 시에 나갈 거야? ➡ ¿A qué hora saldrás?
- ✔ 나는 2시에 나갈 거야. ➡ Saldré a las dos.
- ✔ 비행기는 몇 시에 출발할 건가요? ➡ ¿A qué hora saldrá el avión?
- ✔ 비행기는 2시에 출발할 거예요. ➡ El avión saldrá a las dos.

오늘도 하나씩 쌓아 가기!

오늘의 표현과 단어를 하나씩 쌓고, 오늘의 단어와 밑줄 포인트를 익혀 봅시다.

❶ 오늘의 표현

- ✔ 남은 음식을 싸 주세요.(이것을 싸 주세요.) ➡ ¿Me da (esto) para llevar, por favor?

TIP 1. 가지고 가다 → llevar
2. '포장해 주세요'의 의미를 가집니다. 실제 회화 상황에서는 'esto'를 생략하는 경우가 많습니다.

❷ 오늘의 단어

- ✔ 90 ➡ noventa
- ✔ 91 ➡ noventa y uno

- ✔ 비행기 ➡ el avión
- ✔ 남자 친구 / 여자 친구(애인) ➡ el novio / la novia
- ✔ 빠에야를 만들다 ➡ hacer paella
- ✔ 커피를 만들다 ➡ hacer café
- ✔ 빵 ➡ el pan
- ✔ 빵을 만들다 ➡ hacer pan

❸ 오늘의 밑줄 긋기

◆ 스페인과 남미에서는 빵을 즐겨 먹기 때문에 도시 곳곳에서 베이커리를 발견할 수 있습니다. 스페인어로 빵을 '빤(pan)'이라 부른다면, 빵을 파는 베이커리는 '빠나데리아(panadería)'라고 합니다.

STEP 2

오늘의 학습

오늘은 무엇을 배워 볼까요?

❶ 오늘의 핵심 포인트

이번 시간에는 지난 시간에 이어 미래시제 불규칙 동사들을 배워 봅시다. hacer 동사와 tener 동사의 미래시제 형태를 알아봅시다.

❷ hacer 동사

hacer를 'har-'로 바꾸어 미래시제를 나타내는 어미를 붙여 줍니다.

hacer 하다 → 할 것이다 / 만들다 → 만들 것이다	
Yo	har**é**
Tú	har**ás**
Usted / Él / Ella	har**á**
Nosotros/as	har**emos**
Vosotros/as	har**éis**
Ustedes / Ellos / Ellas	har**án**

✔ 나는 요가를 할 것이다. ➡ Haré yoga.

✔ 나는 빠에야를 만들 것이다. ➡ Haré paella.

✔ 나는 빵을 만들 것이다. ➡ Haré pan.

✔ 나는 커피를 만들 것이다. ➡ Haré café.

✔ 너는 빠에야를 만들 거야? → ¿Harás paella?

✔ 너는 빵을 만들 거야? → ¿Harás pan?

✔ 너는 커피를 만들 거야? → ¿Harás café?

✔ 너는 운동할 거야? → ¿Harás ejercicio?

✔ 내일 나는 요가를 할 것이다. → Mañana haré yoga.
= Haré yoga mañana.

TIP 여기서 '내일'을 뜻하는 'mañana'는 부사이기 때문에, 문장의 맨 뒤로 빠져도 무관합니다.

✔ 내일 너는 요가를 할 거야? → ¿Harás yoga mañana?

✔ 너는 뭐 할 거야? → ¿Qué harás?

✔ 일요일에 너는 뭐 할 거야? → ¿Qué harás el domingo?

✔ 나는 집에서 스페인어를 공부할 거야. → Estudiaré español en casa.

✔ 나는 집에서 TV를 볼 거야. → Veré la tele en casa.

✔ 나는 영화관에 갈 거야. → Iré al cine.

③ tener 동사

tener를 'tendr-'로 바꾸어 미래시제를 나타내는 어미를 붙여 줍니다.

tener 가지고 있다, 갖게 될 것이다	
Yo	ten**dré**
Tú	ten**drás**
Usted / Él / Ella	ten**drá**
Nosotros/as	ten**dremos**
Vosotros/as	ten**dréis**
Ustedes / Ellos / Ellas	ten**drán**

✔ 네가 스페인에 간다면, 너는 많은 친구들을 갖게 될 거야.

→ Si vas a España, tendrás muchos amigos.

✔ 네가 스페인에 간다면, 너는 남자 친구를 갖게 될 거야.

→ Si vas a España, tendrás novio.

④ 미래시제 규칙 변화 형태 정리

지난 시간에는 ser 동사가 미래시제일 때 '~일 것이다'로 사용되는 추측의 쓰임에 대해서 확인해 보았습니다. 이와 같이 스페인어 미래시제는 추측의 의미로 사용될 수 있습니다. estar 동사와 tener 동사를 추측의 쓰임으로 말해 봅시다.

[estar 동사]

estar는 미래시제 규칙 동사입니다.

estar 있다 → 있을 것이다	
Yo	estaré
Tú	estarás
Usted / Él / Ella	estará
Nosotros/as	estaremos
Vosotros/as	estaréis
Ustedes / Ellos / Ellas	estarán

✔ 내 책 어디에 있는지 알아?

➡ ¿Sabes dónde está mi libro?

✔ 네 책은 테이블 위에 있어.

➡ Tu libro está encima de la mesa.

✔ 네 책은 테이블 위에 **있을 거야**.(추측)

➡ Tu libro **estará** encima de la mesa.

✔ 내 자동차 어디에 있는지 알아?

➡ ¿Sabes dónde está mi coche?

✔ 네 자동차는 박물관 앞에 있어.

➡ Tu coche está delante del museo.

✔ 네 자동차는 박물관 앞에 있을 거야.

➡ Tu coche estará delante del museo.

[tener 동사]

나이를 묻고 답하는 표현에서 tener 동사의 미래시제를 사용해 '추측'의 뜻을 나타내 봅시다.

tener 있다 → 가지고 있다, 갖게 될 것이다	
Yo	ten**dré**
Tú	ten**drás**
Usted / Él / Ella	ten**drá**
Nosotros/as	ten**dremos**
Vosotros/as	ten**dréis**
Ustedes / Ellos / Ellas	ten**drán**

✔ Yessi는 몇 살이야? ➡ ¿Cuántos años tiene Yessi?

✔ 그녀는 40살이야. ➡ Ella tiene cuarenta años.

✔ Yessi는 몇 살일까? → ¿Cuántos años tendrá Yessi?

✔ 그녀는 40살일 거야. → Ella tendrá cuarenta años.

따라 써 보기 | 한국어 해석을 보면서 스페인어를 써 보세요.

1. 나는 요가를 할 것이다.

   Haré yoga.

2. 네가 스페인에 간다면, 너는 남자 친구를 갖게 될 거야.

   Si vas a España, tendrás novio.

3. 내 책 어디에 있는지 알아?

   ¿Sabes dónde está mi libro?

4. 그녀는 40살일 거야.

   Ella tendrá cuarenta años.

STEP 3

연습 문제

오늘 배운 내용을 완전히 내 것으로 만들어 봐요!

❶ 인칭대명사에 따라 빈칸에 알맞은 hacer 동사의 미래형을 적어 봅시다.

	hacer
a. Yo	
b. Tú	
c. Usted / Él / Ella	
d. Nosotros/as	
e. Vosotros/as	
f. Ustedes / Ellos / Ellas	

❷ 나열된 단어를 순서대로 배열하여 문장을 만들어 봅시다.

a. 토요일에 뭐 할 거야?
(sábado / el / qué / harás)

➡ ______________________

b. 빵은 테이블 위에 있을 거야.
(pan / estará / el / la / de / mesa / encima)

➡ ______________________

c. 너가 스페인에 간다면, 너는 많은 친구들을 갖게 될 거야.
(a / vas / España / si / muchos / tendrás / amigos)

➡ ______________________

d. 내일 나는 운동을 할 거야.
(haré / mañana / ejercicio)

➡ ______________________

❸ 오늘 배운 표현들을 직접 작문해 봅시다.

a. 토요일에 너는 뭐 할 거야?

➡ ______________________

b. 나는 내 친구들이랑 축구를 할 거야.

→ ___

c. Yessi는 몇 살일까?

→ ___

d. Yessi는 40살일 거야.

→ ___

❹ 제시된 단어를 이용해 직접 작문해 봅시다.

pan m. 빵 | **paella** f. 빠에야

a. 너는 빵을 만들 거야?

→ ___

b. 그는 스페인에 있을 거야.

→ ___

c. 내가 스페인에 간다면, 나는 빠에야를 만들 거야.

→ ___

d. 나는 집에서 공부할 거야.

→ ___

오늘 꼭 기억해 두어야 할 문장! 완전히 내 것으로 만들어 봐요.

❶ **¿Qué harás el sábado?**

❷ **Jugaré al fútbol con mis amigos.**

❸ **¿Cuántos años tendrá Yessi?**

❹ **Yessi tendrá 40 años.**

정답

1 **a.** haré / **b.** harás / **c.** hará / **d.** haremos / **e.** haréis / **f.** harán

2 **a.** ¿Qué harás el sábado? / **b.** El pan estará encima de la mesa. / **c.** Si vas a España, tendrás muchos amigos. / **d.** Haré ejercicio mañana. = Mañana haré ejercicio.

3 **a.** ¿Qué harás el sábado? / **b.** Jugaré al fútbol con mis amigos. / **c.** ¿Cuántos años tendrá Yessi? / **d.** Yessi tendrá 40 años.

4 **a.** ¿Harás pan? / **b.** Él estará en España. / **c.** Si voy a España, haré paella. / **d.** Estudiaré en casa.

PARTE 10

주요 문장 한번 더 짚고 가기!

❶ ¿Vivirás en México?

❷ Sí, viviré en México.

❸ ¿(Ustedes) irán a México?

❹ Sí, iremos a México.

❺ Iré a Argentina porque me gusta bailar tango.

❻ Si trabajas mucho, podrás vivir felizmente.

❼ ¿A qué hora saldrás?

❽ Saldré de casa a las once de la noche.

❾ ¿Qué harás el sábado?

❿ Jugaré al fútbol con mis amigos.

쉬어 가기 스페인어를 사용하는 중남미 국가 10탄, 파라과이(Paraguay)

▲ 마테차를 마시는 사람

위치 | 남아메리카 대륙 중부

시차 | 13시간 느림(한국 기준)

화폐 | 과라니(Guarani)

인구 | 735만 명

수도 | 아순시온(Asunción)

주요도시 | 시우다드 델 에스테(Ciudad del Este), 산 로렌소(San Lorenzo), 루케(Luque)

특징 | 볼리비아, 아르헨티나, 브라질과 국경을 나누고 있는 파라과이에는 다른 남미 국가에는 없는 특징이 한 가지 있습니다. 바로 오랜 역사를 가진 과라니족이 살고 있다는 점인데요. 아르헨티나, 볼리비아, 우루과이 같은 국가들이 오직 스페인어를 공용어로 쓴다면, 파라과이는 스페인어와 함께 과라니어를 공식 언어로 쓰고 있습니다. 과라니족의 흔적은 의외로 많은 곳에 남아 있는데, 대표적으로 '이과수 폭포(Cataratas del Iguazú)'가 있습니다. 세계 3대 폭포로 꼽히는 이 폭포의 이름은 '거대한 물'이라는 과라니어에서 유래되었다고 합니다. 또한 과라니족의 전통문화 중 세계적으로 알려진 것이 마테차를 마시는 문화입니다. 과라니족이 마시기 시작한 마테차가 지금은 아르헨티나, 파라과이 사람들까지 즐겨 마시는 대중적인 차가 되었답니다. 기회가 된다면, 파라과이를 여행하면서 곳곳에서 과라니족의 문화를 발견해 보는 건 어떨까요?

PARTE

11

오늘 나는 영화 한 편을 봤어.

핵심 학습

현재완료 학습하기

Capítulo 27 2년 동안 나는 스페인어를 공부해 왔습니다.

Capítulo 28 오늘 나는 영화 한 편을 봤습니다.

He estudiado español por dos años.

2년 동안 나는 스페인어를 공부해 왔습니다.

이번 시간에는 과거의 일이 현재까지 영향을 미칠 때 사용되는 '현재완료'에 대해서 학습해 보겠습니다.

cien m. 100 | **Estados Unidos** m. 미국

STEP 1

지난 시간 복습

잠깐! 다시 떠올려 볼까요?

❶ 미래시제 불규칙 동사 - hacer 동사와 tener 동사

[estar 동사]

hacer 하다 → 할 것이다	
Yo	har**é**
Tú	har**ás**
Usted / Él / Ella	har**á**
Nosotros/as	har**emos**
Vosotros/as	har**éis**
Ustedes / Ellos / Ellas	har**án**

[tener 동사]

tener 가지고 있다 → 가지고 있을 것이다, 갖게 될 것이다	
Yo	ten**dré**
Tú	ten**drás**
Usted / Él / Ella	ten**drá**
Nosotros/as	ten**dremos**
Vosotros/as	ten**dréis**
Ustedes / Ellos / Ellas	ten**drán**

❷ 미래시제를 활용한 추측의 표현

지난 시간에는 미래시제가 추측을 말할 때도 사용될 수 있다는 것을 배웠습니다. '네 책은 테이블 위에 있을 거야, Yessi는 50살일 거야'와 같은 문장을 표현할 때 미래시제를 사용합니다.

❸ 지난 강의 주요 표현

✔ 네가 많은 돈이 있다면, 너는 무엇을 할 거야?
→ Si tienes mucho dinero, ¿qué harás?

✔ 내가 많은 돈이 있다면, 나는 미국에 살 거야.
→ Si tengo mucho dinero, viviré en Estados Unidos.

✔ 네가 미국에 간다면, 너는 많은 친구들을 갖게 될 거야.
→ Si vas a Estados Unidos, tendrás muchos amigos.

✔ 네 책은 테이블 위에 있을 거야.
→ Tu libro estará encima de la mesa.

✔ Yessi는 몇 살이야? → ¿Cuántos años tiene Yessi?

✔ Yessi는 15살일 거야. → Yessi tendrá quince años.

오늘도 하나씩 쌓아 가기!

오늘의 표현과 단어를 하나씩 쌓고, 오늘의 단어와 밑줄 포인트를 익혀 봅시다.

❶ 오늘의 표현

✔ 여기서 드실 건가요 아니면 포장하실 건가요? → ¿Para aquí o para llevar?

✔ 여기서 먹을 거예요. → Para aquí.

✔ 가져갈 거예요. → Para llevar.

TIP 'para aquí'는 'para comer aquí'의 간소한 표현입니다.

❷ 오늘의 단어

✔ 100 → cien

✔ 미국 → Estados Unidos

❸ 오늘의 밑줄 긋기

◆ 미국은 50개 주들이 연합된 나라입니다. 따라서 스페인어로 미국을 뜻하는 'Estados Unidos'는 항상 복수로 쓰인답니다. 꼭 기억해 주세요!

STEP 2

오늘의 학습

오늘은 무엇을 배워 볼까요?

① 오늘의 핵심 포인트

이번 시간에는 '나는 한국에서 5년 동안 살아왔다, 나는 1년 동안 스페인어를 공부해 왔다'와 같이 '~해 왔다'라는 말을 스페인어로 말해 봅시다.

- ✔ 공부하다 → 공부**해 왔다.**
- ✔ 팔다 → 팔아 **왔다.**
- ✔ 살다 → 살아**왔다.**

② 과거분사(-ado / -ido)

'~해 왔다'를 만들기 위한 첫 번째 단계는 '-ar', '-er', '-ir'로 끝나는 동사 원형의 형태를 바꾸는 것입니다.

estudi**ar**	estudi**ado**
vend**er**	vend**ido**
viv**ir**	viv**ido**

'-ado / -ido' 형태를 '과거분사'라 부릅니다. 위의 표에서 볼 수 있듯이 -ar 동사는 **'-ado'** 그리고 -er 동사와 -ir 동사는 **'-ido'**의 형태를 취합니다.

③ haber 동사 + '-ado / -ido' = 현재완료

'~해 왔다'를 만들기 위한 두 번째 단계는 '-ado / -ido'로 바뀐 동사 원형의 형태 앞에 haber 동사를 더해 주는 것입니다. 여기서 haber 동사는 특별한 뜻이 있는 것이 아니라 '~해 왔다'라는 의미를 만들 수 있도록 도와주는 동사라고 이해하시면 됩니다.

공부해 왔다 → **haber** estudi**ado**
팔아 왔다 → **haber** vend**ido**
살아왔다 → **haber** viv**ido**

[단수 인칭에 따른 haber 동사의 현재시제 불규칙 변화 형태]

haber	
Yo	he
Tú	has
Usted / Él / Ella	ha

TIP haber 동사 변형을 큰 소리로 반복해서 따라 읽어 주세요.

④ He + '-ado / -ido' = 나는 ~해 왔다

'나는 ~해 왔다'를 표현해 봅시다.

haber estudiado → 공부해 왔다
haber vendido → 팔아 왔다
haber vivido → 살아왔다

✔ 나는 공부해 왔다. → He estudiado.

✔ 나는 스페인어를 공부해 왔다. → He estudiado español.

✔ 나는 일해 왔다. → He trabajado.

✔ 나는 한국에서 일해 왔다. → He trabajado en Corea.

✔ 나는 여행해 왔다. → He viajado.

✔ 나는 쿠바를 여행해 왔다. → He viajado por Cuba.

✔ 나는 배워 왔다. → He aprendido.

✔ 나는 영어를 배워 왔다. → He aprendido inglés.

✔ 나는 살아왔다. ➡ He vivido.

✔ 나는 서울에서 살아왔다. ➡ He vivido en Seúl.

✔ 나는 스페인어를 배워 왔다. 왜냐하면 나는 스페인에 가고 싶기 때문이다.
➡ He aprendido español porque quiero ir a España.

✔ 나는 영어를 배워 왔다. 왜냐하면 나는 많은 나라들을 여행하고 싶기 때문이다.
➡ He aprendido inglés porque quiero viajar por muchos países.

✔ 나는 돈을 벌어 왔다. ➡ He ganado dinero.

✔ 나는 **스페인을 여행하려고** 돈을 벌어 왔다.
➡ He ganado dinero **para viajar por España**.

✔ 왜냐하면 나는 **여행하면서** 행복하게 살고 싶기 때문이다.
➡ Porque quiero vivir felizmente **viajando**.

⑤ ¿Has + '-ado / -ido?' = 너는 ~해 왔니?

'너는 ~해 왔니?'를 표현해 봅시다.

¿Has estdudiado? → 너는 공부해 왔니?
¿Has aprendido? → 너는 배워 왔니?
¿Has vivido? → 너는 살아왔니?

✔ 너는 스페인어를 공부해 왔니? ➡ ¿Has estudiado español?

✔ 너는 중국어를 공부해 왔니? ➡ ¿Has estudiado chino?

✔ 너는 영어를 배워 왔니? ➡ ¿Has aprendido inglés?

⑥ ¿Ha + '-ado / -ido?' = 당신은 ~해 왔어요?

'usted'를 생략하고 말해 봅시다.

- ✔ 당신은 멕시코를 여행해 왔어요? ➡ ¿Ha viajado por México?
- ✔ 당신은 한국어를 공부해 왔어요? ➡ ¿Ha estudiado coreano?
- ✔ 당신은 커피를 팔아 왔어요? ➡ ¿Ha vendido café?
- ✔ 당신은 스페인에서 살아왔어요? ➡ ¿Ha vivido en España?

⑦ 응용

'~(시간) 동안'이라는 의미를 가지고 있는 전치사 'por'를 활용해 봅시다.

- ✔ 1년 동안 ➡ por un año
- ✔ 2년 동안 ➡ por dos años
- ✔ 3년 동안 ➡ por tres años
- ✔ 4년 동안 ➡ por cuatro años
- ✔ 5년 동안 ➡ por cinco años

- ✔ 너는 한국에서 일해 왔니? ➡ ¿Has trabajado en Corea?
- ✔ 당신은 한국에서 일해 왔어요? ➡ ¿Ha trabajado en Corea?

- ✔ 네, 저는 한국에서 3년 동안 일해 왔어요.
  ➡ Sí, he trabajado en Corea por tres años.

- ✔ 아니요, 저는 한국에서 일해 오지 않았어요.
  ➡ No, no he trabajado en Corea.

TIP 회화에서는 'por'를 생략하기도 합니다.

따라 써 보기 | 한국어 해석을 보면서 스페인어를 써 보세요.

1. 나는 일해 왔다.

He trabajado.

2. 나는 서울에서 살아왔다.

He vivido en Seúl.

3. 너는 탱고를 배워 왔니?

¿Has aprendido tango?

4. 나는 스페인을 여행하려고 돈을 벌어 왔다.

He ganado dinero para viajar por España.

5. 나는 쿠바를 여행해 왔다.

He viajado por Cuba.

6. 너는 한국에서 일해 왔니?

¿Has trabajado en Corea?

7. 아니요, 저는 한국에서 일해 오지 않았어요.

No, no he trabajado en Corea.

STEP 3

연습 문제

오늘 배운 내용을 완전히 내 것으로 만들어 봐요!

❶ 인칭대명사에 따라 haber 동사의 현재시제 불규칙 변화를 적어 봅시다.

a. 나는 한국에서 일해 왔다. Yo ______ trabajado en Corea.

b. 나는 한국에서 살아왔다. Yo ______ vivido en Corea.

c. 그는 스페인어를 공부해 왔다. Él ______ estudiado español.

d. 너는 스페인어를 배워 왔니? ¿Tú ______ aprendido español?

e. 그녀는 멕시코를 여행해 왔다. Ella ______ viajado por México.

❷ 나열된 단어를 순서대로 배열하여 문장을 만들어 봅시다.

a. 저는 5년 동안 일해 왔어요.
(cinco / trabajado / he / años / por)

➡ ______________________________

b. 너는 한국에서 살아왔니?
(vivido / has / Corea / en)

➡ ______________________________

c. 나는 멕시코를 여행하려고 돈을 벌어 왔다.
(ganado / por / para / México / he / viajar / dinero)

➡ ______________________________

d. 그들은 4년 동안 영어를 공부해 왔다.
(han / por / años / estudiado / cuatro / inglés)

➡ ______________________________

❸ 오늘 배운 표현들을 직접 작문해 봅시다.

a. 너는 스페인어를 공부해 왔니?

➡ ______________________________

b. 당신은 스페인어를 공부해 왔나요?

➡ ______________________________

c. 응, 나는 1년 동안 스페인어를 공부해 왔어.

➡ ______________________________

d. 왜냐하면 난 스페인에 살고 싶거든.

➡ ______________________________

❹ 제시된 단어를 이용해 직접 작문해 봅시다.

Estados Unidos m. 미국

a. 그녀는 마드리드에서 살아왔다. ➡ ______________

b. 그들은 스페인어를 5년 동안 공부해 왔다. ➡ ______________

c. 나는 미국을 여행하려고 돈을 벌어 왔다. ➡ ______________

d. 너는 일본에서 살아왔니? ➡ ______________

오늘 꼭 기억해 두어야 할 문장! 완전히 내 것으로 만들어 봐요.

❶ ¿Has estudiado español?

❷ ¿Ha estudiado español?

❸ Sí, he estudiado español por un año.

❹ Porque quiero vivir en España.

정답

1 **a.** he / **b.** he / **c.** ha / **d.** has / **e.** ha

2 **a.** He trabajado por cinco años. / **b.** ¿Has vivido en Corea? / **c.** He ganado dinero para viajar por México. / **d.** Han estudiado inglés por cuatro años.

3 **a.** ¿Has estudiado español? / **b.** ¿Ha estudiado español? / **c.** Sí, he estudiado español por un año. / **d.** Porque quiero vivir en España.

4 **a.** (Ella) Ha vivido en Madrid. / **b.** (Ellos) Han estudiado español por cinco años. / **c.** He ganado dinero para viajar por Estados Unidos. / **d.** ¿Has vivido en Japón?

Hoy he visto una película.

오늘 나는 영화 한 편을 봤습니다.

이번 시간에는 지난 시간에 이어 현재완료를 공부해 봅시다. 복수 인칭에 따른 haber 동사의 현재시제 불규칙 변화와 현재완료의 또 다른 쓰임에 대해서 학습하겠습니다.

novio m. 남자 친구 | **café solo** m. 아메리카노 | **café con leche** m. 밀크 커피 | **ciento uno** m. 101 | **ciento dos** m. 102 | **ciento diez** m. 110 | **película** f. 영화 | **ver una película** 영화 한 편을 보다

STEP 1

지난 시간 복습

잠깐! 다시 떠올려 볼까요?

❶ haber + '-ado / -ido' = ~해 왔다

지난 시간에는 현재완료 형태를 활용하여 '~해 왔다'라는 표현을 말해 보았습니다.

일해 왔다 → **haber** trabaj**ado**
배워 왔다 → **haber** aprend**ido**
살아왔다 → **haber** viv**ido**

[단수 인칭에 따른 haber 동사의 현재시제 불규칙 변화 형태]

haber	
Yo	he
Tú	has
Usted / Él / Ella	ha

❷ 지난 강의 주요 표현

- ✔ 너는 한국에서 일해 왔니? → ¿Has trabajado en Corea?
- ✔ 당신은 한국에서 일해 왔어요? → ¿Ha trabajado en Corea?
- ✔ 응, 나는 한국에서 10년 동안 일해 왔어.
  → Sí, he trabajado en Corea por diez años.

오늘도 하나씩 쌓아 가기!

오늘의 표현과 단어를 하나씩 쌓고, 오늘의 단어와 밑줄 포인트를 익혀 봅시다.

❶ 오늘의 표현

- ✔ 아메리카노 → café solo
- ✔ 밀크커피(우유가 들어간 커피) → café con leche

TIP 1. '아메리카노(americano), 카페라테(café latte)'와 같이 고유명사를 사용하기도 합니다.
2. solo → 유일한, 단일의 / leche → 우유

❷ 오늘의 단어

100 이후의 숫자는 'ciento + 그 다음 숫자'의 형태로 만들어 주면 됩니다.

- ✔ 101 ➡ ciento uno
- ✔ 102 ➡ ciento dos
- ✔ 110 ➡ ciento diez
- ✔ 120 ➡ ciento veinte
- ✔ 130 ➡ ciento treinta
- ✔ 140 ➡ ciento cuarenta
- ✔ 150 ➡ ciento cincuenta
- ✔ 160 ➡ ciento sesenta
- ✔ 170 ➡ ciento setenta
- ✔ 180 ➡ ciento ochenta
- ✔ 190 ➡ ciento noventa

- ✔ 영화 ➡ la película
- ✔ 영화 한 편을 보다 ➡ ver una película
- ✔ 누군가를 보다 ➡ ver a + 사람

TIP 'ver a+ 사람'은 '누군가를 만나다'라는 의미로도 사용될 수 있습니다.

❸ 오늘의 밑줄 긋기

◆ 카페에서 커피를 주문할 때 많이 쓰는 단어가 있습니다. 바로 '샷 추가'인데요. 스페인어로 '샷'은 'chup-ito' 혹은 'shot'이라고 하며, '에스프레소 샷 추가해 주세요'라는 문장은 'Quiero agregar un shot de espresso'로 표현합니다. 잘 기억했다가 꼭 사용해 보세요!

STEP 2

오늘의 학습

오늘은 무엇을 배워 볼까요?

① 오늘의 핵심 포인트

이번 시간에는 복수 인칭에 따른 haber 동사의 불규칙 변화 형태를 알아보고, 현재완료의 또 다른 쓰임에 대해서도 학습해 봅시다. 'haber + -ado / ido' 형태는 크게 세 가지 쓰임으로 나뉠 수 있습니다.

a. **~ 해 왔다**

b. **~ 한 적 있다(경험)**

c. **가까운 과거를 말할 때**

② 복수 인칭에 따른 haber 동사 현재시제 불규칙 변화 형태

haber	
Nosotros/as	hemos
Vosotros/as	habéis
Ustedes / Ellos / Ellas	han

TIP haber 동사 변형을 큰 소리로 여러 번 읽어 주세요!

- ✔ 우리들은 중국에서 일해 왔다. → Hemos trabajado en China.
- ✔ 우리들은 스페인어를 배워 왔다. → Hemos aprendido español.
- ✔ 우리들은 한국에서 살아왔다. → Hemos vivido en Corea.

- ✔ 너희들은 중국에서 일해 왔니? → ¿Habéis trabajado en China?
- ✔ 너희들은 스페인어를 배워 왔니? → ¿Habéis aprendido español?
- ✔ 너희들은 한국에서 살아왔니? → ¿Habéis vivido en Corea?

✔ 당신들은 중국에서 일해 왔어요? → ¿Han trabajado en China?

✔ 당신들은 스페인어를 배워 왔어요? → ¿Han aprendido español?

✔ 당신들은 한국에서 살아왔어요? → ¿Han vivido en Corea?

✔ 너희들은 한국에서 살아왔니? → ¿Habéis vivido en Corea?

✔ 당신들은 한국에서 살아왔어요? → ¿Han vivido en Corea?

✔ 응, 우리들은 한국에서 11년 동안 살아왔어.
→ Sí, hemos vivido en Corea por once años.

③ haber 동사 현재시제 불규칙 변화 형태와 응용

haber	
Yo	he
Tú	has
Usted / Él / Ella	ha
Nosotros/as	hemos
Vosotros/as	habéis
Ustedes / Ellos / Ellas	han

[haber + -ado / -ido = ~한 적 있다(경험)]

'haber + -ado / -ido'는 '~해 왔다' 외에도 '~한 적 있다'와 같이 경험을 말할 때도 사용될 수 있습니다.

✔ 나는 마셔 본 적 있다. → He tomado.

✔ 나는 떼낄라를 마셔 본 적 있다. → He tomado tequila.

✔ 나는 멕시코에서 떼낄라를 마셔 본 적 있다. → He tomado tequila en México.

- ✔ 나는 여행해 본 적 있다. ➡ He viajado.
- ✔ 나는 스페인을 여행해 본 적 있다. ➡ He viajado por España.

- ✔ 나는 스페인어를 공부한 적 있다. ➡ He estudiado español.
- ✔ 나는 시원스쿨에서 스페인어를 공부한 적 있다. ➡ He estudiado español en 시원스쿨.
- ✔ 나는 1년 동안 스페인어를 공부한 적 있다. ➡ He estudiado español por un año.

- ✔ 나는 있어 본 적 있다. ➡ He estado.
- ✔ 나는 스페인에 있어 본 적이 있어. ➡ He estado en España.

TIP '있어 봤다'는 것은 '가 본 적 있다'로 의역할 수 있습니다.

- ✔ 나는 가져 본 적 있다. ➡ He tenido.
- ✔ 나는 가져 본 적 없다. ➡ No he tenido.
- ✔ 나는 남자 친구를 가져 본 적 없다. ➡ No he tenido novio.
- ✔ 나는 여자 친구를 가져 본 적 없다. ➡ No he tenido novia.
- ✔ 나는 자동차를 가져 본 적 없다. ➡ No he tenido coche.

- ✔ 나는 꾸이를 먹어 본 적 있다. ➡ He comido cuy.
- ✔ 나는 꾸이를 먹어 본 적 없다. ➡ No he comido cuy.

- ✔ 나는 가 본 적 있다. ➡ He ido.
- ✔ 나는 스페인에 가 본 적 있다. ➡ He ido a España.
- ✔ 나는 우리 엄마와 스페인에 가 본 적 있다. ➡ He ido a España con mi mamá.

✔ 너는 멕시코를 여행해 본 적 있어? ➡ ¿Has viajado por México (alguna vez)?

✔ 너는 스페인어를 배워 본 적 있어? ➡ ¿Has aprendido español (alguna vez)?

✔ 너는 중국에 가 본 적 있어? ➡ ¿Has ido a China (alguna vez)?

✔ 당신은 멕시코를 여행해 본 적 있어요? ➡ ¿Ha viajado por México (alguna vez)?

✔ 당신은 스페인어를 배워 본 적 있어요? ➡ ¿Ha aprendido español (alguna vez)?

✔ 당신은 중국에 가 본 적 있어요? ➡ ¿Ha ido a China (alguna vez)?

TIP '~해 본 적 있어?'라고 물어볼 때 '언젠가 한번'을 뜻하는 'alguna vez'와 함께 말하는 경우가 많습니다.

④ 불규칙 과거 분사

현재완료를 표현할 때 '-ar → -ado', '-er, -ir → -ido'로 바꿔 준다는 것을 배웠습니다. 그러나 모든 동사가 규칙적으로 변화하는 것은 아닙니다. 불규칙인 동사들도 있는데 이번 시간에는 ver 동사와 hacer 동사를 활용하여 '경험'을 말해 봅시다.

[ver 보다 → visto]

✔ 나는 Messi를 본 적 있다. ➡ He **visto** a Messi.

✔ 나는 멕시코에서 Messi를 본 적 있다. ➡ He **visto** a Messi en México.

✔ 너는 Messi를 본 적 있어? ➡ ¿Has **visto** a Messi (alguna vez)?

TIP 동사의 목적어가 사람일 경우(Messi를, Yessi를 등)에는 전치사 'a'를 대상 앞에 붙여 줍니다.

[hacer 하다 / 만들다 → hecho]

✔ 나는 요가를 해 본 적 있다. ➡ He **hecho** yoga.

✔ 나는 빠에야를 만들어 본 적 있다. ➡ He **hecho** paella.

✔ 나는 빵을 만들어 본 적 있다. ➡ He **hecho** pan.

✔ 나는 커피를 만들어 본 적 있다. ➡ He **hecho** café.

✔ 너는 요가를 해 본 적 있어? ➡ ¿Has **hecho** yoga (alguna vez)?

✔ 너는 빠에야를 만들어 본 적 있어? ➡ ¿Has **hecho** paella (alguna vez)?

✔ 너는 빵을 만들어 본 적 있어? ➡ ¿Has **hecho** pan (alguna vez)?

✔ 너는 커피를 만들어 본 적 있어? ➡ ¿Has **hecho** café (alguna vez)?

⑤ 'haber + -ado / -ido'로 가까운 과거 말하기

'haber + -ado / -ido'를 활용하여 이번에는 가까운 과거를 말해 봅시다. 지금 시점을 기준으로 가장 가까운 과거인 '오늘'을 활용하여 문장을 만들어 보겠습니다.

✔ 너는 오늘 뭐 했어? ➡ ¿Qué has hecho hoy?

✔ 나는 집에서 일했어. ➡ He trabajado en casa.

✔ 나는 집에 있었어. ➡ He estado en casa.

✔ 나는 요가를 했어. ➡ He hecho yoga.

✔ 나는 영화 한 편을 봤어. ➡ He visto una película.

어휘 체크 | 스페인어를 보고, 알맞은 뜻에 체크 표시(√)를 해 보세요.

1	novio	□ 남자 친구	□ 영화 배우	2	café solo	□ 카페 라떼	□ 아메리카노
3	café con leche	□ 카페라테	□ 아메리카노	4	ciento uno	□ 110	□ 101
5	ciento diez	□ 101	□ 110	6	película	□ 영화	□ 콘서트
7	ciento sesenta	□ 160	□ 170	8	ciento setenta	□ 160	□ 170

정답 1. 남자 친구 2. 아메리카노 3. 카페라테 4. 101 5. 110 6. 영화 7. 160 8. 170

STEP 3

연습 문제

오늘 배운 내용을 완전히 내 것으로 만들어 봐요!

① 인칭대명사에 따라 haber 동사의 현재시제 불규칙 변화를 적어 봅시다.

a. 나는 Messi를 본 적 있다. Yo ______ visto a Messi.

b. 그녀들은 빵을 만들어 본 적이 있다. Ellas ______ hecho pan.

c. 나는 떼낄라를 마셔 본 적이 있다. Yo ______ tomado tequila.

d. 너희들은 스페인에 가 본 적 있어? ¿Vosotros ______ ido a España?

e. 너는 커피를 만들어 본 적 있어? ¿Tú ______ hecho café (alguna vez)?

② 나열된 단어를 순서대로 배열하여 문장을 만들어 봅시다.

a. 너는 스페인을 여행해 본 적 있어?
(España / viajado / has / por)

➡ ______

b. 나는 요가를 해 본 적이 있다.
(yoga / he / hecho)

➡ ______

c. 우리들은 빠에야를 먹어 본 적이 있다.
(comido / hemos / paella)

➡ ______

d. 너는 한국에 가 본 적 있어?
(Corea / ido / a / has)

➡ ______

③ 오늘 배운 표현들을 직접 작문해 봅시다.

a. 너는 스페인을 여행해 본 적 있어?

➡ ______

b. 응, 나는 1년 동안 스페인을 여행해 본 적이 있어.

➡ ______________________________

c. 너는 오늘 뭐 했어?

➡ ______________________________

d. 나는 영화 한 편을 봤어.

➡ ______________________________

❹ 제시된 단어를 이용해 직접 작문해 봅시다.

pan m. 빵 | **película** f. 영화 | **café con leche** m. 밀크커피

a. 나는 빵을 만들어 본 적 있다.

➡ ______________________________

b. 너는 그 영화 본 적 있어?

➡ ______________________________

c. 응, 나는 그 영화 본 적 있어.

➡ ______________________________

d. 너는 밀크커피를 마셔 본 적이 있니?

➡ ______________________________

오늘 꼭 기억해 두어야 할 문장! 완전히 내 것으로 만들어 봐요.

❶ **¿Has viajado por España (alguna vez)?**

❷ **Sí, he viajado por España por un año.**

❸ **¿Qué has hecho hoy?**

❹ **He visto una película.**

정답

1 **a.** he / **b.** han / **c.** he / **d.** habéis / **e.** has

2 **a.** ¿Has viajado por España? / **b.** He hecho yoga. / **c.** Hemos comido paella. / **d.** ¿Has ido a Corea?

3 **a.** ¿Has viajado por España (alguna vez)? / **b.** Sí, he viajado por España por un año. / **c.** ¿Qué has hecho hoy? / **d.** He visto una película.

4 **a.** He hecho pan. / **b.** ¿Has visto la película? / **c.** Sí, he visto la película. / **d.** ¿Has tomado café con leche (alguna vez)?

주요 문장 한번 더 짚고 가기!

1. ¿Has estudiado español?

2. ¿Ha estudiado español?

3. Sí, he estudiado español por un año.

4. Porque quiero vivir en España.

5. ¿Has viajado por España (alguna vez)?

6. Sí, he viajado por España por un año.

쉬어 가기

스페인어를 사용하는 중남미 국가 11탄, **페루(Perú)**

▲ 마추픽추(Machu Picchu)

위치 | 남아메리카 대륙 중서부

시차 | 14시간 느림(한국 기준)

화폐 | 누에보 솔(Nuevo Sol)

인구 | 3,425만 명

수도 | 리마(Lima)

주요도시 | 아레키파(Arequipa), 트루히요(Trujillo), 쿠스코(Cusco)

특징 | 페루는 고대 잉카 제국의 유적지로 유명한 나라인데요. 한반도의 6배 정도가 되는 큰 나라인 만큼, 아마존, 안데스산맥 등 여러 관광 명소를 가지고 있습니다. 이번에 소개해 드릴 곳은 세계 7대 불가사의 중 하나로 꼽히는 '마추픽추(Machu Picchu)'입니다. 해발 2,400m가 넘는 고지에 위치한 마추픽추는 스페인 사람들이 잉카 제국을 멸망시킨 뒤에도 발견되지 않아 그 모습을 온건하게 유지할 수 있었다고 합니다. 이 도시에 태양의 신전이 존재했던 것으로 보아, 고고학자들은 이 곳을 태양의 신을 위한 의식이 행해진 곳이라 추측하고 있는데요. 오랜 시간 베일에 싸여 있던 마추픽추는 1911년 근처 지역을 탐험하던 미국인 하이럼 빙엄(Hiram Bingham)에 의해 우연히 발견되어 세상 사람들에게 알려지게 됩니다. 마추픽추는 높은 역사적 가치로 인해 1983년 세계 문화유산에 등록되었으며, 현재는 한 해 백만 명이 넘는 관광객들이 방문할 정도로 그 인기가 대단하답니다.

PARTE

12

너는 몇 시간 동안 운동하니?

핵심 학습

의문사 학습하기

¿Cuántas horas haces ejercicio?

¿Por qué aprendes español?

너는 왜 스페인어를 배우니?

이번 시간에는 '언제(cuándo) / 왜(por qué) / 얼마, 얼만큼(cuánto)'에 해당하는 의문사를 학습해 봅시다.

hielo m. 얼음 | **caliente** 뜨거운 | **café con hielo** m. 아이스커피 | **café caliente** m. 따뜻한 커피 | **doscientos** m. 200 | **doscientos diez** m. 210 | **quinientos** m. 500 | **cuándo** 언제 | **por qué** 왜 | **cuánto** 얼마, 얼만큼 | **eso** 그것 | **aquello** 저것 | **los + 요일명** ~요일마다

STEP 1 지난 시간 복습

잠깐! 다시 떠올려 볼까요?

❶ haber 동사의 현재시제 불규칙 변화 형태

지난 시간에는 현재완료 형태를 활용하여 '~해 왔다'라는 표현을 말해 보았습니다.

haber	
Yo	he
Tú	has
Usted / Él / Ella	ha
Nosotros/as	hemos
Vosotros/as	habéis
Ustedes / Ellos / Ellas	han

❷ 'haber + -ado / -ido'의 쓰임

지난 시간에는 haber 동사의 현재시제 불규칙 변화 형태 및 'haber + -ado / -ido'의 다양한 쓰임에 대해서 학습하였습니다.

a. **~ 해 왔다**

b. **~ 한 적 있다(경험)**

c. **가까운 과거를 말할 때**

❸ 지난 강의 주요 표현

✔ 너희들은 중국에서 일해 왔니? ➡ ¿Habéis trabajado en China?

✔ 당신들은 중국에서 일해 왔어요? ➡ ¿Han trabajado en China?

✔ 응, 우리들은 중국에서 5년 동안 일해 왔어.
➡ Sí, hemos trabajado en China por cinco años.

✔ 너는 그 영화 본 적 있어? ➡ ¿Has visto la película?

✔ 응, 나는 **그것을** 봤어. ➡ Sí, la he visto.

✔ 아니, 나는 **그것을** 안 봤어. ➡ No, no la he visto.

✔ 너는 오늘 뭐 했어? ➡ ¿Qué has hecho hoy?

✔ 나는 내 남자 친구랑 영화 한 편을 봤어. ➡ He visto una película con mi novio.

오늘도 하나씩 쌓아 가기!

오늘의 표현과 단어를 하나씩 쌓고, 오늘의 단어와 밑줄 포인트를 익혀 봅시다.

① 오늘의 표현

✔ 얼음을 넣어 드릴까요, 따뜻하게 드릴까요? ➡ ¿Con hielo o caliente?

TIP 1. 커피 같은 음료를 주문할 때 종업원이 '¿Con hielo o caliente?'라고 물어볼 수 있습니다.
2. 얼음 → hielo / 뜨거운 → caliente / 아이스커피 → café con hielo / 따뜻한 커피 → café caliente

② 오늘의 단어

✔ 200 ➡ doscientos

✔ 210 ➡ doscientos diez

✔ 300 ➡ trescientos

✔ 320 ➡ trescientos veinte

✔ 400 ➡ cuatrocientos

✔ 430 ➡ cuatrocientos treinta

✔ 500 ➡ ~~cincocientos~~ **quinientos**

✔ 540 ➡ quinientos cuarenta

TIP '500'은 'cincocientos'가 아니라 'quinientos'로 다른 백의 자리 숫자와 다소 차이가 있습니다.

- ✔ 언제 → cuándo
- ✔ 왜 → por qué
- ✔ 얼마, 얼만큼 → cuánto

- ✔ 그것 → eso
- ✔ 저것 → aquello

- ✔ 월요일: el lunes → 월요일마다: los lunes
- ✔ 화요일: el martes → 화요일마다: los martes
- ✔ 수요일: el miércoles → 수요일마다: los miércoles
- ✔ 목요일: el jueves → 목요일마다: los jueves
- ✔ 금요일: el viernes → 금요일마다: los viernes
- ✔ 토요일: el sábado → 토요일마다: los sábados
- ✔ 일요일: el domingo → 일요일마다: los domingos

- ✔ ~요일마다 → los + 요일명

③ 오늘의 밑줄 긋기

◆ 십 단위의 숫자에서는 'y'를 사용하여 'treinta y uno', 'cuarenta y tres'와 같이 표현했습니다. 하지만 백 단위부터는 'y'를 사용하지 않고 'trescientos diez', 'cuatrocientos treinta'로 표현한다는 점, 기억해 주세요!

STEP 2

오늘의 학습

오늘은 무엇을 배워 볼까요?

① 오늘의 핵심 포인트

이번 시간에는 '언제(cuándo) / 왜(por qué) / 얼마, 얼만큼(cuánto)'에 해당하는 의문사를 활용하여 문장을 만들어 봅시다.

[언제 → cuándo]

✔ 너는 스페인어를 공부하니? → ¿Estudias español?

✔ 너는 언제 스페인어를 공부하니? → ¿Cuándo estudias español?

✔ 나는 5시에 스페인어를 공부해. → Estudio español a las cinco.

✔ 나는 8시에 스페인어를 공부해. → Estudio español a las ocho.

✔ 일요일마다 나는 스페인어를 공부해. → Estudio español los domingos.

✔ 월요일마다 나는 스페인어를 공부해. → Estudio español los lunes.

✔ 너는 언제 가니? → ¿Cuándo vas?

✔ 너는 언제 병원에 가니? → ¿Cuándo vas al hospital?

✔ 너는 언제 영화관에 가니? → ¿Cuándo vas al cine?

✔ 너는 언제 박물관에 가니? → ¿Cuándo vas al museo?

✔ 너 언제 요가를 하니? → ¿Cuándo haces yoga?

[왜 → por qué]

✔ 너는 왜 스페인어를 공부하니? → ¿Por qué estudias español?

✔ 왜냐하면 나는 스페인에 가고 싶거든. → Porque quiero ir a España.

✔ 왜냐하면 나는 스페인을 좋아하거든. → Porque me gusta España.

✔ 너는 왜 요가를 하니? → ¿Por qué haces yoga?

✔ 너는 왜 병원에 가니? → ¿Por qué vas al hospital?

✔ 너는 왜 박물관에 가니? → ¿Por qué vas al museo?

[얼마, 얼만큼 → cuánto]

'cuánto 얼마, 얼만큼'와 'costar 값이 나가다' 동사를 활용하여 가격을 물어보고, 가격을 말해 봅시다.

a. costar 동사 현재시제 불규칙 변화 형태

costar 동사는 현재시제일 때 'o → ue'로 바뀌는 불규칙 동사입니다.

costar 값이 나가다	
Yo	cuesto
Tú	cuestas
Usted / Él / Ella	cuesta
Nosotros/as	costamos
Vosotros/as	costáis
Ustedes / Ellos / Ellas	cuestan

✔ 이거 얼마예요?(이거 얼만큼 값이 나가요?) → ¿Cuánto cuesta esto?

✔ 그거 얼마예요? → ¿Cuánto cuesta eso?

✔ 저거 얼마예요? → ¿Cuánto cuesta aquello?

TIP 'esto', 'eso', 'aquello'는 명사의 성이나 수에 영향을 받지 않고 사용할 수 있습니다.

b. 숫자 정리

10	diez	101	ciento uno
20	veinte	200	doscientos
30	treinta	300	trescientos
40	cuarenta	400	cuatrocientos
50	cincuenta	500	quinientos
60	sesenta	600	seiscientos
70	setenta	700	setecientos
80	ochenta	800	ochocientos
90	noventa	900	novecientos
100	cien	1000	mil

✔ 1,100 → mil cien

TIP 한국말처럼 '천 백'이라고 끊어서 읽어 주면 됩니다.

✔ 1,101 → mil ciento uno

✔ 2,000 → dos mil

✔ 10,000 → diez mil

✔ 100,000 → cien mil

c. 가격 묻고 대답하기

✔ 이거 얼마예요? → ¿Cuánto cuesta esto?

✔ 200유로입니다. → Cuesta doscientos euros.

TIP 스페인에서 사용되는 화폐 단위는 '유로(euro)'입니다.

✔ 900페소입니다. → Cuesta novecientos pesos.

TIP 멕시코나 중남미 몇몇 국가에서는 '페소(peso)'라는 화폐 단위를 사용합니다. 하지만 페소의 가치는 각 나라마다 차이가 있습니다.

✔ 그거 얼마예요? → ¿Cuánto cuesta eso?

✔ 300유로입니다. → Cuesta trescientos euros.

✔ 150페소입니다. → Cuesta ciento cincuenta pesos.

✔ 저거 얼마예요? → ¿Cuánto cuesta aquello?

✔ 50유로입니다. → Cuesta cincuenta euros.

✔ 1,000페소입니다. → Cuesta mil pesos.

따라 써 보기 | 한국어 해석을 보면서 스페인어를 써 보세요.

1. 너는 언제 스페인어를 공부하니?

   ¿Cuándo estudias español?

2. 너는 왜 병원에 가니?

   ¿Por qué vas al hospital?

3. 그거 얼마예요?

   ¿Cuánto cuesta eso?

4. 900페소입니다.

   Cuesta novecientos pesos.

5. 1,000페소입니다.

   Cuesta mil pesos.

STEP 3

연습 문제

오늘 배운 내용을 완전히 내 것으로 만들어 봐요!

❶ 인칭대명사에 따라 빈칸에 알맞은 costar 동사 변화를 적어 봅시다.

	costar
a. Yo	
b. Tú	
c. Usted / Él / Ella	
d. Nosotros/as	
e. Vosotros/as	
f. Ustedes / Ellos / Ellas	

❷ 빈칸에 알맞은 의문사를 적어 봅시다.

a. 너는 언제 병원에 가니? ¿ ______ vas al hospital?

b. 너는 왜 운동을 하니? ¿ ______ haces ejercicio?

c. 왜냐하면 나는 운동하는 것을 좋아하거든. ______ me gusta hacer ejercicio.

d. 저거 얼마예요? ¿ ______ cuesta aquello?

❸ 오늘 배운 표현들을 직접 작문해 봅시다.

a. 너는 언제 스페인어를 공부하니?

➡ ______

b. 너는 왜 스페인어를 공부하니?

➡ ______

c. 이거 얼마예요?

➡ ______

d. 500페소입니다.

➡ ______

❹ 제시된 단어를 이용해 직접 작문해 봅시다.

ordenador m. 컴퓨터 | **eso** 그것 | **museo** m. 박물관

a. 컴퓨터는 2,000페소입니다.

➡ ______________________________

b. 그거 얼마예요?

➡ ______________________________

c. 토요일마다 나는 한국어를 공부해.

➡ ______________________________

d. 너는 언제 박물관에 가니?

➡ ______________________________

오늘 꼭 기억해 두어야 할 문장! 완전히 내 것으로 만들어 봐요.

❶ **¿Cuándo estudias español?**

❷ **¿Por qué estudias español?**

❸ **¿Cuánto cuesta esto?**

❹ **Cuesta quinientos pesos.**

정답

1 a. cuesto / b. cuestas / c. cuesta / d. costamos / e. costáis / f. cuestan

2 a. Cuándo / b. Por qué / c. Porque / d. Cuánto

3 a. ¿Cuándo estudias español? / b. ¿Por qué estudias español? / c. ¿Cuánto cuesta esto? / d. Cuesta quinientos pesos.

4 a. El ordenador cuesta dos mil pesos. / b. ¿Cuánto cuesta eso? / c. Estudio coreano los sábados. / d. ¿Cuándo vas al museo?

¿Cuántas horas haces ejercicio?

너는 몇 시간 운동을 하니?

이번 시간에는 명사와 함께 쓰이는 의문사의 형태를 배워 보겠습니다. 그리고 2탄을 총정리할 수 있도록 다이얼로그를 통해 배운 내용을 점검해 봅시다.

hielo m. 얼음 | **azúcar** m. 설탕 | **sal** f. 소금 | **crema** f. 크림 | **quinientos** m. 500 | **setecientos** m. 700 | **ochocientos** m. 800 | **novecientos** m. 900 | **mil** m. 1000 | **hora** f. 시간 | **película** f. 영화 | **deporte** m. 스포츠 | **fruta** f. 과일 | **América Latina** f. 중남미 | **como** ~처럼 | **como él** 그처럼 | **todo el mundo** 전 세계 | **libre** 여유로운, 한가로운 | **tu tiempo libre** 너의 여가 시간 | **difícil** 어려운 | **pero** 그러나 | **cenar** 저녁을 먹다 | **en la noche** 밤에 | **antes de +** 동사 원형 ~하기 전에 | **vino tinto** m. 레드와인 한 병

STEP 1 지난 시간 복습

잠깐! 다시 떠올려 볼까요?

❶ 다양한 의문사

지난 시간에는 '언제, 왜, 얼마'에 해당하는 의문사를 배우고 활용해 보았습니다.

a. **언제** → cuándo

b. **왜** → por qué

c. **얼마, 얼만큼** → cuánto

❷ 지난 강의 주요 표현

✔ 너는 언제 시원스쿨에 가니? → ¿Cuándo vas a 시원스쿨?

✔ 수요일마다 나는 시원스쿨에 가. → Voy a 시원스쿨 los miércoles.

✔ 너는 왜 스페인어를 배우니? → ¿Por qué aprendes español?

✔ 왜냐하면 나는 스페인을 좋아하거든. → Porque me gusta España.

✔ 그거 얼마예요? → ¿Cuánto cuesta eso?

✔ 800유로입니다. → Cuesta ochocientos euros.

오늘도 하나씩 쌓아 가기!

오늘의 표현과 단어를 하나씩 쌓고, 오늘의 단어와 밑줄 포인트를 익혀 봅시다.

❶ 오늘의 표현

'sin'과 'con'을 활용하여 식당 및 카페에서 사용할 수 있는 다양한 표현을 배워 보겠습니다.

✔ 설탕 빼고 ➡ sin azúcar

✔ 설탕 넣어서 ➡ con azúcar

TIP 설탕 → azúcar

✔ 소금 빼고 ➡ sin sal

✔ 소금 넣어서 ➡ con sal

TIP 소금 → sal

✔ 크림 빼고 ➡ sin crema

✔ 크림 넣어서 ➡ con crema

TIP 크림 → crema

❷ 오늘의 단어

✔ 500 ➡ quinientos

✔ 700 ➡ setecientos

✔ 800 ➡ ochocientos

✔ 900 ➡ novecientos

✔ 1000 ➡ mil

- ✔ 시간 ➡ la hora
- ✔ 영화 ➡ la película
- ✔ 스포츠 ➡ el deporte
- ✔ 과일 ➡ la fruta
- ✔ 라틴아메리카(중남미) ➡ América Latina
- ✔ ~처럼 ➡ como
- ✔ 그처럼 ➡ como él
- ✔ 전 세계 ➡ todo el mundo
- ✔ 여유로운, 한가로운 ➡ libre
- ✔ 너의 여가 시간 ➡ tu tiempo libre
- ✔ 어려운 ➡ difícil
- ✔ 그러나 ➡ pero
- ✔ 저녁을 먹다 ➡ cenar
- ✔ 밤에 ➡ en la noche
- ✔ ~하기 전에 ➡ antes de + 동사 원형
- ✔ 레드와인 한 병 ➡ un vino tinto

③ 오늘의 밑줄 긋기

◆ 스페인어로 '얼마예요?'를 뜻하는 '¿Cuánto cuesta?'라는 표현은 '¿Cuánto vale?' 또는 '¿Cuánto es?'라고도 할 수 있습니다.

STEP 2 오늘의 학습

오늘은 무엇을 배워 볼까요?

① 오늘의 핵심 포인트

이번 시간에는 명사와 함께 쓰이는 의문사의 형태를 배워 보겠습니다. 명사와 함께할 수 있는 의문사는 대표적으로 'cuánto'와 'qué'가 있습니다.

[cuánto + 명사 = 얼만큼의 ~]

'cuánto' 뒤에 명사가 오면 '얼만큼의 ~'라는 뜻을 갖게 됩니다. 이 경우 'cuánto'는 명사의 성수에 맞춰 주어야 합니다.

✔ 너는 **얼만큼의 햇수**를 가지고 있니?(너 몇 살이야?)
→ ¿**Cuántos años** tienes?

✔ 나는 10살이야.
→ Tengo diez años.

✔ 너는 **얼만큼의 자동차들**을 가지고 있니?(너 자동차 몇 대 있어?)
→ ¿**Cuántos coches** tienes?

✔ 나는 자동차 20대를 가지고 있어.
→ Tengo veinte coches.

✔ 너는 **몇 시간** 스페인어를 공부하니? → ¿**Cuántas horas** estudias español?

✔ 너는 **몇 시간** 요가를 해? → ¿**Cuántas horas** haces yoga?

✔ 나는 2시간 동안 스페인어를 공부해. ➡ Estudio español por dos horas.

✔ 나는 3시간 동안 요가를 해. ➡ Hago yoga por tres horas.

TIP 'cuántas horas'는 직역하면 '얼만큼의 시간들'입니다. 한국어로 자연스럽게 의역하면 '몇 시간'으로 해석할 수 있습니다.

[qué + 명사 = 몇, 무슨 ~]

의문사 'qué'는 명사의 성과 수에 상관없이 형태가 변하지 않습니다.

✔ **몇 시**예요? ➡ ¿**Qué hora** es?

✔ 1시 반이에요. ➡ Es la una y media.

✔ 너는 **무슨 영화**를 보니? ➡ ¿**Qué película** ves?

✔ 너는 **무슨 영화**를 좋아하니? ➡ ¿**Qué película** te gusta?

✔ 너 **무슨 운동**을 하니? ➡ ¿**Qué ejercicio** haces?

✔ 너는 **무슨 스포츠**를 좋아하니? ➡ ¿**Qué deporte** te gusta?

✔ 너는 **무슨 과일**을 먹니? ➡ ¿**Qué fruta** comes?

✔ 너는 **무슨 과일**을 좋아하니? ➡ ¿**Qué fruta** te gusta?

② 다이얼로그(diálogo)

다이얼로그를 통해 2탄에서 배운 내용들을 다양한 상황 속에서 확인해 봅시다. 한국어 해석은 의역하였습니다.

a. '너 중남미 가 봤어?'

Ana: ¿Has ido a América Latina?
Hoy he visto una película de Che Guevara.
Quiero viajar por América Latina como él.
Yessi: ¿Te gusta ver películas?

TIP 'ver películas → (일반적 의미의) 영화를 보다'라는 뜻이 됩니다.

Ana: 너 라틴아메리카 가 본 적 있어?
오늘 나 체 게바라를 다룬 영화 한 편을 봤어.
나도 그 사람처럼 라틴아메리카를 여행하고 싶어.
Yessi: 너 영화 보는 거 좋아해?

b. '난 전 세계를 여행할 거야.'

Ana: Sí, me gusta ver películas y viajar.
Si tengo mucho dinero, viajaré por todo el mundo.
¿Qué te gusta hacer en tu tiempo libre?

Ana: 응, 나는 영화 보는 것과 여행하는 것을 좋아해.
만약에 내가 많은 돈이 있다면, 나는 전 세계를 여행할 거야.
너는 여가 시간에 뭐 하는 것을 좋아해?

c. '난 운동하는 것을 좋아해.'

Yessi: Me gusta hacer ejercicio.
Ana: ¿Cuántas horas haces ejercicio?
Yessi: Por dos horas.
Ana: ¿No es difícil?
Yessi: Sí, es difícil. Pero me gusta mucho.
¿Qué vas a hacer hoy?

Yessi: 나는 운동하는 것을 좋아해.
Ana: 너는 몇 시간 운동해?
Yessi: 2시간 동안.
Ana: 어렵지 않아?
Yessi: 응, 어려워. 그렇지만 나는 많이 좋아해.
너 오늘 뭐 할 거야?

d. '레드와인 한 병 사 갈게.'

Ana: Voy a jugar al fútbol con mis amigos. ¿Y tú?
Yessi: Voy a ver una película en la noche.
Ana: Entonces, si quieres, podemos cenar en mi casa.
Yessi: ¡Perfecto!
Antes de llegar a tu casa, compraré un vino tinto.
Ana: Bien. ¡Hasta pronto!

TIP '¡Perfecto!'는 '완벽해, 좋아!'라고 해석됩니다.

Ana: 나는 내 친구들이랑 축구를 할 거야. 너는?
Yessi: 나는 밤에 영화 한 편을 볼 거야.
Ana: 그럼 네가 원한다면 우리 집에서 저녁 먹자.
Yessi: 좋아!
너의 집에 도착하기 전에 레드와인 한 병 사 갈게.
Ana: 좋아. 곧 보자!

STEP 3

연습 문제

오늘 배운 내용을 완전히 내 것으로 만들어 봐요!

① 다음 숫자를 보고 알맞은 스페인어를 적어 봅시다.

a. 500

b. 700

c. 800

d. 900

e. 1000

② 대화를 보고 한국어 문장을 스페인어로 작문해 봅시다.

Yessi: Me gusta hacer ejercicio.

Ana: a. 너는 몇 시간 운동해?

Yessi: Por dos horas.

Ana: b. 어렵지 않아?

Yessi: Sí, es difícil. Pero me gusta mucho. c. 너 오늘 뭐 할 거야?

a. 너는 몇 시간 운동해? ➡

b. 어렵지 않아? ➡

c. 너 오늘 뭐 할 거야? ➡

③ 오늘 배운 표현들을 직접 작문해 봅시다.

a. 너는 무슨 스포츠를 좋아하니?

➡

b. 난 전 세계를 여행할 거야.

➡

c. 너는 몇 시간 영어를 공부하니?

➡

❹ 제시된 단어를 이용해 직접 작문해 봅시다.

América Latina f. 라틴아메리카 | **fruta** f. 과일 | **hacer yoga** 요가를 하다 | **tiempo libre** m. 여가 시간

a. 너 라틴아메리카 가 본 적 있어?

➡ ______________________________

b. 너는 무슨 과일을 먹니?

➡ ______________________________

c. 너는 몇 시간 요가를 해?

➡ ______________________________

d. 너는 여가 시간에 뭐 하는 것을 좋아해?

➡ ______________________________

오늘 꼭 기억해 두어야 할 문장! 완전히 내 것으로 만들어 봐요.

❶ **¿Qué deporte te gusta?**

❷ **Voy a viajar por todo el mundo.** 또는 **Viajaré por todo el mundo.**

❸ **¿Cuántas horas estudias inglés?**

❹ **¿Qué te gusta hacer en tu tiempo libre?**

정답

1 **a.** quinientos / **b.** setecientos / **c.** ochocientos / **d.** novecientos / **e.** mil

2 **a.** ¿Cuántas horas haces ejercicio? / **b.** ¿No es difícil? / **c.** ¿Qué vas a hacer hoy?

3 **a.** ¿Qué deporte te gusta? / **b.** Voy a viajar por todo el mundo.(Viajaré por todo el mundo.) / **c.** ¿Cuántas horas estudias inglés?

4 **a.** ¿Has ido a América Latina? / **b.** Qué fruta comes? / **c.** ¿Cuántas horas haces yoga? / **d.** ¿Qué te gusta hacer en tu tiempo libre?

주요 문장 한번 더 짚고 가기!

1. ¿Cuándo estudias español?
2. ¿Por qué estudias español?
3. ¿Cuánto cuesta esto?
4. Cuesta quinientos pesos.
5. ¿Qué deporte te gusta?
6. Voy a viajar por todo el mundo.(Viajaré por todo el mundo.)
7. ¿Cuántas horas estudias inglés?
8. ¿Qué te gusta hacer en tu tiempo libre?

스페인어를 사용하는 중남미 국가 12탄,
베네수엘라(Venezuela)

▲ 아우얀 테푸이(Auyan-Tepui)

위치 | 남아메리카 대륙 북부

시차 | 13시간 느림(한국 기준)

화폐 | 볼리바르(Bolívar), 달러(USD)

인구 | 2,883만 명

수도 | 카라카스(Caracas)

주요도시 | 마라카이보(Maracaibo), 발렌시아(Valencia), 마라카이(Maracay)

특징 | 베네수엘라는 이탈리아의 도시 베네치아에서 그 이름이 유래되었는데요. 이 곳은 에메랄드 빛을 가진 카리브해로도 유명하지만, 산꼭대기가 테이블처럼 평평한 모양인 테푸이(Tepui)로도 널리 알려져 있습니다. 이 중 카나이마 국립공원(Parque Nacional Canaima)에 있는 로라이마산(Monte Roraima)은 웅장하면서도 아름다운 모습의 테푸이로 많은 이들의 발길이 끊이지 않는데요. 다른 테푸이와 달리, 이 곳에는 트레킹 코스가 있기 때문에 관광객을 비롯한 산악인들도 이 곳을 많이 찾는답니다. 또한 아우얀 테푸이(Auyan-Tepui)라 불리는 또 다른 산에는 세계에서 가장 높은 폭포로 알려진 앙헬 폭포(Salto Ángel)가 있습니다. 앙헬 폭포는 자그마치 높이가 약 980m나 되기 때문에 물이 폭포 아래 지면까지 떨어지지 못하고 증발하는 경우도 있다고 합니다. 기회가 된다면 독특한 바위산 테푸이와 앙헬 폭포를 찾아가 그 웅장함을 꼭 한번 느껴 보세요.

Memo

Memo